베이직
이직

이직 결심부터 이직 성공 후
직장 생활 팁까지 모두 담은 이직 가이드

베이직
이직

Minuk 지음

이담북스

힘들었다. 나의 취업기는 늘 험난하고 힘들었다. 첫 취업 때도 그렇고 두 번째, 세 번째, 네 번째, 다섯 번째까지 어느 회사에 입사할 때도 쉬운 적이 단 한 번도 없었다. 그래서 늘 생각했다. 나처럼 취업할 때 애를 먹고 힘든 사람들을 위해서 내가 시행착오를 겪으며 체득한 경험 담과 팁들을 조금이나마 공유해 보리라.

방황했다. 서울의 명문대까진 아닌 남산 밑에 있는 4년제 대학에 삼 수 끝에 입학했고, 나의 전공은 사범대였다. 교육학 전공에 국어 교육 학을 복수 전공했는데, 대학교 4학년 1학기 때까지만 해도 나는 진로 를 확실하게 정하지 못하고 여느 청춘들처럼 꽤 방황했다. 전공을 살려 임용고시를 볼까 하고 노량진 학원을 알아볼 생각도 잠시 했지만, 대입 삼수를 하면서 앉아서 하는 고시 공부 유형에는 젬병이라는 것을 일찌 감치 깨달았다. 결국 나에게 평범한 직장인이 되어야겠다는 현실적인 선택지는 자연스럽게 다가왔다. 대신 한 가지 결심을 했다. "어떤 회사 여도 좋으니 내가 좋아하는 직무를 해 보자." 결국, 이 결심 때문에 수 많은 이직이 생겼다.

타협했다. 내가 하고 싶은 직무는 인사팀에서 사내 교육을 주관하는 인적 자원 개발(HRD) 담당자로 근무하는 것이었다. 하지만 인사팀 자체가 모집 인원이 많지 않은 직무였던 데다가 인사팀 내에서 채용, 급여, 복지, 노무, 총무 등 다양한 세부 직무 중 하나인 '교육 직무'에 채용 공고가 뜨는 것은 정말 희박한 일이었다. 문과 고스펙자가 몰리고 몰린다는 인사팀을 들어가기란 참 높은 벽이었다. 나는 사범대를 다녀서 전공도 경영학과가 아니었고, 소위 말하는 SKY도 아니었고, 인턴 같은 것은 해 본 적도 없었으며, 국어 교육을 복수 전공했다는 핑계로 국어만 잘하면 됐지 하고 토익도 등한시해 와서 어학 성적도 별로였다. 삼수생 신분이라 졸업 예정자치고 나이도 많았다. 그래서 일단 진입 장벽이 상대적으로 낮은 영업 관리 직무를 병행하면서 서류를 써 왔고, 취업 준비를 하기 시작한 첫해에 운 좋게 대기업 그룹 공채에 합격해 연봉도 높은 금융권에 입사했다. 대신 내가 원하는 직무가 아닌 영업 관리 직무로. 지금도 마찬가지지만 내가 첫 취업을 했던 2014년도 워낙 취업이 어려웠던 해였기에 내가 원하는 직무에 가겠다고 취업 재수를 택하기에는 너무 배가 부른 짓이었다. 그렇게 타협을 하고 나의 첫 직장 생활이 시작되었다.

힘들었다. 원하는 직무가 아니다 보니 제아무리 유명한 대기업에 높은 연봉을 안겨 주었어도 흥미가 생기지 않았고 적응하기 힘든 과정의 연속이었다. 그래서 호기롭게 1년 15일 만에 정해진 곳도 없이 퇴사하게 된다. 지금 생각하면 어디 갈 곳도 없이 무작정 퇴사를 했다는 것이 참 바보 같았다. 그 선택 때문에 나의 퇴사 유랑기가 시작된다. 그래도 3개월 만에 다시 금융권 기관에 재취업해서 내가 희망했던 직무에서 근무했다. 내가 희망하는 직무에서의 회사 생활 '시작'임과 동시에 본격적인 퇴사 러시(rush) '시작'이 되기도 했다. 원하는 직무에서 근무를 시작했지만 좀 더 커리어를 쌓을 수 있는 곳으로 다시 이직하게 되었고, 그곳에서 여러 경험을 쌓고 다른 환경에서 내 직무를 확장해 보고자 한 번더 이직했고, 회사 사정이 안 좋아지고 회사 내에서 내 역할이 모호해지던 시점에 또 한 번 이직하며 현재까지 오게 되었다.

흘러왔다. 신입으로, 중고 신입으로, 경력직으로 여러 패턴을 통해서 이직 성공을 맛보며 여기까지 흘러왔다. 운이 좋게도 모두 정규직이었고 대기업이었다. 앞서 기술했듯이 나는 잘난 것 하나 없었고 스펙도 별로였지만, 남들보다 전략적으로 취업에 임했고 요령껏 준비했다. 내 경험이 모두 정답은 아니겠지만 그래도 내가 직접 피부로 겪어 본 이직의 경험들은 소중한 자산이 되었다고 자부한다.

  쓴다. 나의 이직에 대한 경험담과 작은 노하우들을 쓰기로 결심했다. 나는 모교에서 종종 취업 특강을 했고, 취업 콘텐츠를 운영하는 곳에서 취업 노하우를 전수한 적도 있고, 잠깐 유튜브에 취업 콘텐츠를 올려본 적도 있으며, 소셜 멘토링 '잇다'라는 취업 플랫폼에서는 멘토 활동도 하면서 명예 멘토에도 선정된 적이 있다. 누군가에게 작은 도움이라도 될 수 있기를 바라는 마음으로 나의 이러한 행적들을 정리하면서 하나씩 글로 남기기 시작했다. 다만, 그 방향성은 내가 인사팀에 재직 중이라고 해서 인사팀의 관점으로 작성하진 않을 생각이다. 나는 내가 지원자였던 시절의 기억을 되살려 시행착오를 겪어 왔던 살아 있는 경험들과 팁들을 위주로 작성해 보려고 한다. 오히려 이 점이 더 범용성 있고, 현실감 있고, 공감할 수 있어 더 많은 독자분이 읽어 주실 수 있을 것이라는 생각이 든다.

  이제 그 첫발자국을 내디뎌 보려 한다. 부디, 이직을 준비하고 있는 많은 사람들에게 조금이라도 도움이 되었으면 좋겠다.

후반전

연장전

경기 후

에필로그

경기전

1

퇴사 유랑기:
네 번의 퇴사와 다섯 번의 입사

나는 직장 생활 8년 동안 총 5개의 회사를 옮겨 다닌 어찌 보면 부끄러운 경력의 소유자이자 찐! 프로 이직러다. 한 군데에서 오랫동안 회사 생활을 하면서 인정도 받고, 성과도 내고, 승진도 잘하는 분들을 보면 매우 부러움을 느낀다. 그런 분들이 있다면 정말 존경하고 박수를 보내 본다.

하지만 직장 생활을 하다 보면 이직의 유혹도 찾아오기 마련이고, 이를 실행에 옮기기도 한다. 각자 이직에 대한 이유는 다양하지만, 평생직장의 시대가 저물어가고 있는 시대에 이직이라는 것이 무조건 흠으로만 비치는 분위기는 분명 아니다. 결국, 한 회사를 오래 다니는 사람,

이직을 하는 사람 모두 정답은 없다. 또 이직 여부가 누가 더 회사 생활을 잘했느냐의 기준이나 지표가 되기도 어려울 것이다.

나는 프로 이직러로서 후자의 입장에서 이직에 대한 팁들을 적어 내려가고자 한다. 그전에 먼저 이직은 언제 해야 할 것인가에 대한 이야기부터 풀어 볼까 한다. 면접용 답변 말고 진짜 솔직했던 나의 이직 이유를, 나의 이직 스토리를 하나씩 공유해 본다.

첫 번째 회사에서의 이직

첫 회사는 연봉도 높고 국내 10대 그룹에 속한 대기업, 그룹 내에서 캐시카우(cash cow) 역할을 하는 '한화 그룹 금융 계열사'였다. 이런 회사에서 첫 사회생활을 할 수 있었던 것은 돌이켜 보면 참 행운이었다. 다만 나는 한 가지를 포기하고 입사했었다. 바로 희망 직무. 사범대에서 교육학을 전공했던 터라, 늘 인사팀에서 교육 업무를 맡고 싶다는 생각이 강했고 그만큼 선호 직무가 확실했다. 남들처럼 '금융권이 가고 싶다, 제조업이 가고 싶다' 등의 산업군에 대한 열망보다는 직무에 대한 목표나 열망이 더 강했다. 그래서인지 아무리 네임 밸류가 좋은 회사에서 돈을 많이 받고 일한다고 해도 영 행복하지가 않았다.

첫 직장에서는 영업 관리 직무를 맡았었는데, 인사팀에서 교육 직무를 맡고 싶었던 것과는 거리가 있는 직무였다. 그래서 처음에는 이직보다는 사내에서 움직일 수 있는 방법이 없을지 많이 찾아봤다. 발령 공문이 매달 공지될 때마다 주로 어느 부서에서 어느 부서로 이동하는지도 면밀히 살펴봤고, 선배들에게 발령 고민 상담도 많이 해 봤다. 하지만 안타깝게도 내가 가고 싶은 인사팀의 교육 부문은커녕 현장에서 근무한 이력만으로 본사에 있는 부서로 그것도 단기간에 넘어오기란 정말 쉽지 않은 환경이었다. 아주 오랜 시간을 기약 없이 기다려야 했고, 그렇게 기다린다고 해서 희망 부서로 배치된다는 보장도 없었다. 그걸 깨닫고는 고민의 고민을 거듭하다 1년 15일 만에 첫 퇴사를 했다. 그때는 젊은 패기 때문이었는지 어디 붙은 곳도 없었는데 퇴사를 해 버리고 재취업을 준비했다. 그렇게 하고 싶은 직무를 해 보겠다는 목표를 품고서 첫 회사와 이별했다.

두 번째 회사에서의 이직

재취업은 쉽지 않았다. 막상 다시 취업 준비생 신분이 되니 하루하루가 너무나도 불안했고, 취업 시장의 냉혹한 현실을 또 한 번 체감하면서 자신감도 많이 떨어졌다. 그래도 부단히 노력해서 3개월 만에 재취업에 성공하고, 중고 신입으로 두 번째 회사 '사단법인 보험연수기관'에 들어갔다. 이번에는 100%까지는 아니지만 그래도 어느 정도 원하던 직무에서 근무하게 되었다. 내가 희망하던 업무와 90% 정도는 일치하는 일이었기 때문에 뭐든 열심히 했고, 좋은 사수를 만난 덕분에 일도 많이 배울 수 있었다. 그럭저럭 무난했던 생활이 1년 2개월간 지속됐다.

하지만 내가 희망하던 직무와 일치하지 않는 10%의 아쉬움 때문에 시간이 지날수록 고민이 깊어졌다. 인사팀의 교육 부서에서 근무하고 싶다는 일관된 목표가 이때도 있었는데, 사내 임직원들을 위해 교육을 기획하고 인재를 육성하는 것이 아니라, 협회 특성상 여러 회원사들에게 교육을 만들어서 판매하고 듣게 하는 강제성이 있었다. 그래서 지속적인 성취감을 얻기 힘들었고, 진짜 인재 육성을 하는 업무와는 괴리감이 조금 있었다. '어차피 100% 나에게 꼭 맞는 직무는 없으니까 그냥 타협하고 다니자'라는 생각과 '더 늦기 전에 인재 육성 교육을 제대로 해 볼 수 있는 인재개발원에 들어가자'라는 생각이 교차하면서 장고를 거듭했다. 이번에는 같은 아픔을 되풀이하지 않기 위해서 붙은 곳도 없이 퇴사부터 하는 무모한 짓을 하지 않았고, 회사에 다니면서 이직 준비를 했다. 그리고 운이 좋게도 딱 1명밖에 모집하지 않는 곳에, 수백 명이 몰렸던 자리를 뚫고 대기업 인재개발원에 합격하게 되었다.

세 번째 회사에서의 이직

세 번째 회사는 'DB 그룹의 인재개발원'이었는데, 아마 나의 모든 회사 생활을 곱씹어 봐도 제일 만족스러운 회사였다. 업무도 가장 많이 배웠을 뿐만 아니라 스스로 성장할 기회도 많았던 곳이었다. 실제로 이 회사에서는 나름 3년 넘게 다니면서 적응도 잘했다. 교육만을 전문적으로 하는 곳이었기 때문에 직무 만족도가 높았고, 해 볼 수 있는 속성의 교육들은 다 경험해 봤던 곳이었다. 그럼, 이렇게 만족스러운 회사를 왜 또 나오게 되었을까?

　이때는 직무에 대한 만족도는 정말 높았는데, 어느 순간부터 '내가 이 직무를 여기에서 계속할 수 있을까'라는 외부적인 변수들이 나를 괴롭혔다. 그룹 인재개발원이 아닌 계열사의 다른 곳으로 장기 파견이나 발령이 될 수도 있는 상황이 닥쳐서 잘못하다간 내가 어렵게 쟁취한 이 직무를 계속 이어 갈 수 없겠다는 생각이 들었다. 또 당시 대부분의 대기업 연수원들이 점차 그룹 교육 중심의 공통 교육보다는 각 계열사에서의 현장에 맞는 교육에 더 비중을 두는 흐름 때문에 5대 그룹 정도를 제외하고는 그룹 교육의 필요성이나 무게감이 점차 떨어져 가고 있었다. 결국 나는 이번에도 내 '직무'를 이어 가기 위해서 내가 살기 위해서 이직을 결심하게 되었고, 많은 경험을 안고 더 큰 성장과 희망 직무를 불안 요소 없이 지속해 나갈 만한 곳을 찾아 떠났다.

네 번째 회사에서의 이직

　네 번째 회사에서도 사내 임직원의 성장과 육성을 위한 교육 업무를 계속해서 할 수 있었는데 워낙 기업 이미지가 좋은 곳이었고, 복지도 좋았고, 사람들도 좋았기 때문에 나름 만족스러운 생활을 이어 갔다. 그런데 대한민국을, 아니 전 세계를 뒤흔든 큰 사건이 터졌다. 바로 코로나19. 하필 내가 이직한 회사의 직종이 코로나19의 직격탄인 호텔/관광 업종이었다. 모르긴 몰라도 항공업계, 여행업계 다음으로 타격이 크지 않았나 싶다. 불가항력적인 상황에 당시 회사가 부침을 겪기도 했었다. 물론 대기업이기도 했고, 그룹 차원의 투자도 있어서 당장 회사가 오늘내일하진 않았지만, 개인적으로는 안정성에 대한 불안감이 없지 않아 있었던 것은 사실이었다.

무엇보다 코로나19로 인한 돌발 상황 자체보다는, 그로 인해 나의 직무의 영속성에 영향을 미친 것이 이직을 하는 결정적인 이유가 되었다. 교육비 예산에 제한이 생기면서 할 수 있는 교육 종류가 적어졌고, 심지어 코로나로 인해서 대면으로 모일 수가 없으니 교육 횟수도 계속 줄어들었다. 점점 나의 역할이 줄어들면서 경력이 단절되는 기분도 느꼈고, 내가 더 성장하기 위해 온 회사인데 오히려 더 정체되는 느낌이 들었다. 물론 가만히 앉아서 내 경력을 갉아먹고 있을 수만은 없었기에 이런 교육을 해 보자, 저런 교육을 해 보자 하면서 기획안도 만들어서 보고도 해 봤지만 역부족이었다. 그러기를 반복하다 2년 정도 후에 결국 이곳을 떠나게 되었다.

이렇게 나는 지금의 다섯 번째 회사로 오게 되었다. 이런저런 이유도 많았지만 내가 이직을 할 때마다 일관적으로 우선순위에 두었던 것은 바로 '나의 직무'였다. 그래서 나는 이직을 고민하는 사람들에게 가장 먼저 이직의 이유를 '직무'에서 찾아보라고 한다. 여기에 대한 이유는 다음 장에서 좀 더 다뤄보기로 하겠다.

2

이직, 이럴 때 고려하자

내가 이직을 하고 싶다고 느껴지는 순간은?

- ☐ 상사가 나에게 지적을 할 때
- ☐ 상사의 성격이 나와 맞지 않다고 느낄 때
- ☐ 연말 성과급이 안 나올 때
- ☐ 연봉이 동결되었다는 소식을 들을 때
- ☐ 같이 일하던 동료가 이직할 때
- ☐ 업무가 유독 나에게 과중된다고 느낄 때
- ☐ 불필요한 야근이 잦다고 생각될 때
- ☐ 의미 없는 회의가 지속될 때
- ☐ 후배들이 나보다 능력 있다고 느껴질 때
- ☐ 출근 시간이 너무 오래 걸릴 때

이어서 이번에는 이직은 어떨 때 해야 좋은 것인지에 대해서 조금 더 이야기를 풀어 보고자 한다. 그 전에 먼저 체크리스트를 통해 자가 점검을 해 보자.

몇 개나 체크했는가? 사실 이 체크리스트는 체크한 숫자에 따라서 구체적인 성향이 나오는 식의 테스트는 아니지만, 내가 생각했을 때 지금 이직을 생각하고 있더라도 일단 한 번은 견뎌야 할 순간들을 적어 본 것이다. 반대로, 그럼 어떨 때 이직을 해야 하는가? 바로 '직무'다. 그래서 자신의 직무와 관련된 항목은 위 체크리스트에 넣지 않았다.

이직해야 할 이유는 1장에 이어서 말하지만, 첫째도 둘째도 본인의 '직무'와 연관해서 답을 찾아봐야 한다. 이직하는 이유로 낮은 연봉, 상사와의 불화, 회사 경영난 등 각자의 사정과 여러 가지 다양한 이유가 있을 수 있다. 다 이해한다. 하지만 좀 더 건강한 이직이 되기 위해서는 본인 직무에서 더 발전할 수 있고, 경쟁력을 쌓을 수 있고, 성장할 수 있고, 전문성을 발휘할 수 있는 곳으로 가야 한다고 본다.

낮은 연봉? 아무리 돈을 많이 받는 곳으로 간다고 해도 '일'이 나와 안 맞거나 '직무'의 수준이 낮아지거나 정체되는 느낌을 받게 되면, 일에 대한 흥미는 물론 내적 혼란과 함께 자존감도 낮아진다. 상사와의 불화? 100% 나와 딱 맞는 상사는 세상에 없다. 세상에 완벽한 사람은 없고, 리더는 내가 고를 수 있는 것이 아니다. 따라서 내가 조금은 맞춰

가야 하는 부분이고, 이직한다고 해서 그 회사에는 좋은 상사만 있으리란 법도 없다.

결정적으로 상사든 나든 누군가는 언젠가 떠나게 되어 있다는 것이다. 타 부서로 상사가 발령이 날 수도 있고, 새로운 팀이 꾸려져 내가 떠날 수도 있다. 그렇기에 상사 때문에 내 이직을 결정하는 건 억울할 수도 있는 일이다. 실제로 상사와의 불화로 서둘러 이직했지만, 떠나자마자 그 상사가 다른 곳으로 발령이 나면서 근무 분위기가 바뀌었다는 사실을 알고 후회했다는 사례도 접한 적이 있다.

나는 제너럴리스트인가 스페셜리스트인가

이직하기 전에 본인의 성향 또는 지향점이 제너럴리스트(generalist)와 스페셜리스트(specialist) 중에서 어느 쪽인지를 한번 따져 보면 좋겠다. 제너럴리스트는 한 회사에서 A 직무, B 직무, C 직무 다양하게 겪어 보면서 회사 내부 사정도 잘 알고, 업계에 대한 지식도 넓게 쌓아서 수직적으로 부장, 팀장, 임원까지 승진해 나가는 커리어 패스라고 할 수 있다. 보통 팀장이나 임원 직급으로 승진하게 될 때는 한 직무만 잘 아는 사람보다는 두루두루 그 회사 내부에서 경험을 많이 해 본 사람을 조금 더 선호하기도 한다.

스페셜리스트는 특정 직무에서 두각을 보이면서 그 분야에서 전문성을 가진 사람이다. 자신만의 직무 경험이나 성과가 뚜렷하고, 석사나 박사 학위를 통해서 이론적 지식도 해박하여 회사에서 '○○ 업무=김 과장' 이런 공식을 만들어 놓을 정도로 뚜렷하게 자신만의 색깔과 강점을 만들어 가는 사람이다. 특정 분야에 전문적이기에 좋은 연봉, 좋은 대우를 받을 수 있고, 자기 몸값을 불려 나가면서 다른 곳에서 스카우트 제의도 많이 받는다.

제너럴리스트든 스페셜리스트든 정답은 없지만, 나는 스페셜리스트 쪽이 이직에 좀 더 유리한 사람들이라고 말하고 싶다. 즉, 두루두루 여러 업무를 거치고 싶거나, 선호하는 직무가 뚜렷하게 없거나 혹은 회사 내부에서 성장하면서 인정받고 싶은 성향이라면 이직은 최선의 선택이 아닐 수 있다. 이직한다는 것은 첫 입사부터 있었던 프리미엄(흔히 공채 프리미엄이라고 말하는 것)을 버리고 가는 것이고, 동종업계라고 해도 일을 다시 배워야 하기 때문이다. 그래서 제너럴리스트, 회사 내에서 성장하는 것을 목표로 하는 분들께는 이직을 추천하고 싶지는 않다.

이직으로 직무를 바꾼다는 것은 말처럼 쉽지 않다. 이직한다는 것은 내가 해 왔던 직무를 이어 가면서 새로운 회사에서 더 많은 경험을 통해 직무 경험을 이어 간다는 의미도 내포되어 있는 셈이다. 따라서 제너럴리스트라면 이직을 한 번 더 고민해 보고, 스페셜리스트이면서 동시에 직무에 대한 애정과 성장 욕구가 많은 타입이라면 이직을 도전해 봐도 좋다.

내 직무에 흥미가 있는가

다음으로는 지금 내가 하는 이 직무가 마음에 드는지 내밀하게 따져 보아야 한다. 함께 일하고 있는 동료들이 좋아서 지금 직무가 좋아 보이는 착시 효과를 주고 있는 것은 아닌지, 아니면 남들이 보기에 좋아 보이는 직무라서 버티면서 하고 있지는 않은지, 나중에 승진이 잘되는 부서라는 말에 현혹되어 잘 맞는 직무라고 자기 최면을 걸고 있는 것은 아닌지 솔직하게 따져 보는 것이 좋다.

내가 진짜 이 직무에 흥미를 느끼고 진심으로 대하고 있는지를 알고 싶다면, 아래 체크리스트를 한번 살펴보자.

□ 상사가 시키지 않아도 내가 먼저 움직여서 내 업무의 개선점을 찾아 보고를 드려 본 적이 있다.

□ 주말이나 퇴근 이후에도 이따금 업무에 대한 아이디어가 떠올라서 따로 메모해 두곤 한다.

□ 같은 직무를 하는 사람들의 사례들이 궁금해서 인터넷 커뮤니티에 가입해 본 적 이 있다.

□ 내 직무와 관련된 전문 잡지(또는 서적)를 자비를 들여서 구매해 본 적이 있다.

□ 후배들이나 취업 준비생들이 내 직무와 관련된 내용을 궁금해하거나 도움을 청하 면 언제든지 알려줄 준비가 되어 있다.

3개 이상 체크했다면 당신은 지금 그 업무에 흥미를 느끼고 있다는 증거다. 반대로 그렇지 않은 경우는 빨리 다른 부서로 발령이 났으면 좋겠고, 선배들이나 상사가 지금 업무를 같이 케어해 주고 책임져 주었으면 좋겠고, 아무리 몰입을 해 봐도 개선점이나 아이디어가 잘 떠오르지 않아 힘든 상태이므로 당신의 업무에 흥미가 없다고 봐도 좋다. 하지만 지금 당장 내 직무에 흥미를 느끼고 있지 않다고 해서 이직을 결정하기에는 이르다. 일단 지금의 회사에 남아서 희망하는 직무를 찾아보고, 희망하는 부서로 이동이 가능하다면 그곳에서 일단 커리어를 쌓아서 이력을 남기는 것이 우선이다.

구체적인 이유가 있는가

'그냥' 하는 이직은 없다. 그리고 '이 순간만을 넘기면 되겠지'라는 '회피형' 이직은 최악이다. 내가 이직을 하고 싶어 하는 진짜 이유를 내적인 요소에서 찾아보도록 하자. 회사 네임 밸류, 연봉, 상사 같은 외적인 조건이 아닌 '구체적인' 이유는 나의 가치관, 비전, 업무 방향성, 커리어 목표 등의 본질적인 곳에서 나오게 되어 있다. 내 업무에 대해서 그렇게 생각한 그동안의 경험이나 배경이 있기 마련이고, 그렇게 하고 싶은 계획이나 설명들이 붙기 마련이다. 단편적인 외적 요소들과는 무게감이 다르다. 따라서 제대로 된 이직을 하고 싶다면 구체적인 이유를 반드시 찾은 후에 그 결심을 실행에 옮겨야 한다.

정리하면, '내가 이직을 해도 될까?'에 대한 이유를 찾고 싶은 사람이라면 다음 질문을 순차적으로 해 보기 바란다. 그래야만 건강한 이직이 이루어질 것이다.

① 나는 제너럴리스트인지 스페셜리스트인지 혹은 내가 희망하는 모습은 둘 중 어느 것인지 알아보기.

② 이직한다는 것은 앞으로 그 직무에 대해서만 커리어가 쌓아질 수도 있기 때문에 내 직무에 정말 흥미를 느끼고 있는지 신중하게 따져 보기.

③ 단순히 회사가 싫어서, 연봉이 불만족스러워서, 상사가 싫어서는 아닌지 스스로 질문해 보고, 내적인 요소에서 구체적인 이유 찾아 보기.

3

회사 다니면서 vs. 퇴사한 뒤에

중고 신입을 노리는 사람이든, 경력직으로 이직을 노리는 사람이든 회사 다니면서 이직 준비를 할 것인지 퇴사하고 이직 준비를 할 것인지에 대해 많이 고민한다.

다니면서 준비하라

둘 다 장단점은 있겠지만 경험상 회사 다니면서 이직 준비하는 편이 더 낫다고 말해 주고 싶다. 나는 퇴사하고 이직 준비했던 적도 있었고, 회사 다니면서 이직 준비했던 적도 있었는데 지금 다시 생각해 보면 후자의 경우가 심적으로든 커리어적으로든 훨씬 좋았다. 그 이유는 이렇다.

퇴사하고 준비하는 사람들의 주된 이유는 3가지 정도로 요약해 볼 수 있다. ① 시간이 많아지면 좀 더 충실하게 준비할 수 있겠지? ② 준비할 시간이 있으니까 부족한 스펙을 보완하는 데 더 도움이 되겠지? ③ 일단 그동안 지친 나를 위해서 잠시 여행이라도 다녀오고 리프레시를 한 뒤에 이직 준비해도 되겠지? 정도로 압축된다.

그렇지만 좀 더 냉정히 바라볼 필요가 있다. ①의 경우, 그냥 '시간'만 많아지게 될 우려가 있다. 시간이 많아지면 나태해질 위험이 크고, 특히나 직장 생활을 하다가 퇴사한 경우에는 보상 심리로 인해서 나태해질 확률이 더 높다. 이직하는 데 중요한 것은 '시간'이 아니다. 나는 시간이 많다고 해서 무조건 준비를 많이 하는 것과 연결되지는 않는다고 보는 입장이다.

②의 경우도 비슷한 맥락이다. 부족한 어학 공부를 더 해서 점수도 높여 보고 싶고, 교육이나 강의도 수강해 보고 싶은 마음은 충분히 이해가 간다. 하지만 취업 트렌드가 바뀌었다. 정량적인 스펙으로만 취업하는 시대가 아니다. 그리고 준비할 시간이 있다고는 하지만 재취업을 빨리 다시 해야 하는 상황에서 스펙이 갑자기 어마어마하게 정량적으로 높아지지 않을 확률이 크다. 그렇게 해서 높아질 스펙이었다면 당신은 이미 첫 취준생 시절 때 고스펙자가 되어 좋은 회사에 한방에 입사했을지도 모른다.

③의 경우는 이직이 필요한 경우가 아닐 수도 있다. 단지 휴식이 필요한 거라면 회사에 양해를 구하고 휴가 제도를 이용해서 쉬다 오자. 반대로 이미 진로에 대해서 충분히 고민한 후 이직을 결정했지만, 그래도 잠깐의 휴식이 필요하다면 그 정도는 괜찮다고 본다. 하지만 잠시 숨 고르기 정도의 휴식이 아닌 이직에 지장을 줄 정도의 긴 휴식이나 계획 없는 휴가라면 진지하게 다시 고민해 보길 바란다.

공백기는 최악이다

다니면서 준비하는 것이 좋다고 하는 가장 큰 이유는 바로 공백기를 막기 위함이다. 중고 신입이든 경력직이든 회사에서는 공백기가 긴 사람을 선호하지 않는다. 취업 시장에서는 스펙이 안 좋은 것보다 공백기가 긴 것이 더 마이너스다. 중고 신입은 신입이긴 하지만 그래도 실무 경험이 조금이라도 있다는 것인데, 그 경험이 공백기로 인해 감각이 떨어져 있고 트렌드에서 뒤처진 상태라면 다른 지원자와 경쟁이 되질 않는다. 경력직도 마찬가지다. 경력직은 천천히 가르치고 키워서 쓸 인력이 아니라 바로 실무에 투입해서 쓸 수 있는 인력을 뽑는 자리이기 때문에 공백기 없이 계속 일해 온 사람을 선호하지 오랫동안 일을 쉰 탓에 다시 업무에 대한 감을 예열하기까지 오래 걸리는 사람은 선호하지 않는다. 그래서 공백기는 막아야 한다. 내가 퇴사하고 이직을 준비하는 그 순간부터 하루, 한 달, 일 년은 고스란히 나의 경력이 단절되는 공백기다.

마음이 급해지면 악순환이 된다

퇴사하고 정말 운 좋게 바로 취업에 성공하는 케이스라면 모를까 반대의 경우에는 심리적으로 상당히 불안해진다. 내가 다시 취업할 수 있을까? 하는 생각이 머릿속을 떠나지 않을 것이다. 처음 사표를 던지고 나왔을 때의 그 호기로웠던 패기는 생각보다 금방 사라진다. 심리적으로 불안해지면 눈높이가 낮아지게 되고, 묻지마식 지원도 늘어나게 된다. 그럼 또 성에 차지 않는 회사에 들어가서 혼란을 느끼고 악순환이 반복될 게 뻔하다. 이직은 묻지마식 지원보다는 내가 경쟁력을 갖고 있는 산업군에, 내가 잘할 수 있는 직무에 집중해서 타깃을 확실히 정해놓아야 성공 확률도 높아지고 이직한 회사에 만족하게 된다. 아무리 멘탈이 강한 사람이라도 장기화되는 취업 기간과 공백기에는 장사 없다고 생각한다. 무작정 퇴사부터 해서 생기는 불안감을 억지로 만들 필요는 없다.

그래서 나는 회사를 다니면서 이직 준비하는 것에 한 표를 던지는 바다. 분명 어렵다. 어렵지만 퇴근하고 평일 저녁이나 주말을 활용한다면 충분히 부족한 점을 보완할 수 있다고 생각한다. 이직을 생각하는 사람들은 이미 취업 메커니즘을 알고 있는 사람들이다. 이미 한 번의 성공을 통해서 직장 생활을 하고 있는 사람들이기에 한 번도 취업을 안 해본 취업 준비생들보다는 시행착오도 덜 겪을 것이다. 즉, 회사를 다니면서 전략적으로 준비할 힘이 갖추어져 있다는 얘기다. 그러니 지금 회사가 너무 싫고 당장 떠나고 싶겠지만, 회사에 다니면서 마음을 굳게 먹고 이직 준비를 해 보면 어떨까?

4

이직이 잘되는
직무가 있을까

   이직 시장이 과거에 비해서 매우 활발해졌고, 기업들도 신입 공채보다 경력직 채용을 더 선호한다는 응답도 매체를 통해서 왕왕 들려오곤 한다. 그렇다면 이러한 이직 시장에서 인기 있는 직무라는 것이 과연 있을까?

   원래 이직이 활발한 산업군이 있는 것은 사실이다. 최근에는 IT 기업을 중심으로 개발자들과 데이터 전문가들이 그렇고, 전통적으로는 증권업계의 영업 업무, 자산 관리나 투자 업무를 담당하는 인력들이 그렇다.

그렇다면 이런 특수 업종 종사자를 제외한 일반적인 취업 시장에서 선호되는 직무라는 것이 따로 있긴 한 것일까. 일단, 이직 준비를 장기간 해 본 내가 내린 정답은 'YES'다. 다만 채용 포털에 올라와 있는 오픈 공고 외에 헤드헌터, 서치펌을 통한 공고가 워낙 많기 때문에 모든 공고들을 직무별로 나누어서 통계를 내 보지는 못했다. 그러나 그동안 이직 준비를 하면서 수백 번 넘게 공고들을 봐 온 결과 한 가지 힌트는 확인할 수 있었다.

현장/영업 직군보다는 지원/기획 직군

대졸 정규직 채용 시장을 기준으로 현장/영업 직군보다 지원/기획 직군에서 더 많은 경력직 채용을 한다. 판매, 세일즈를 중심으로 하는 영업(해외 영업은 그래도 경력직 수요가 있는 편이므로 국내 영업에 국한한다), 지점 또는 전문 영업 사원들을 관리하는 직무, 고객과의 접점 부서, 현장 생산직 등 현장에서 근무하거나 영업 관련 직군은 이상하게도 경력직 공고가 많이 없다. 나 역시 영업 관리직에 재직했을 당시, 처음엔 같은 업종으로 이직하려고 여기저기 알아봤지만, 경력직을 뽑는 곳이 거의 없어서 애를 먹었던 기억이 있다. 반면, 일반적으로 경영 지원, 스태프 부서라고 불리는 직군에서는 꾸준히 모집 공고가 올라온다. 특정 팀으로 예를 든다면 인사팀, 마케팅팀, 전략 기획팀, 재무팀, 회계팀, 구매팀, 홍보팀, 법무팀, IT팀, 생산 관리팀 등이 그렇다.

왜일까? 첫째는 업계의 속성을 많이 타기 때문이다. 현장/영업 직군은 상대적으로 업계 속성에 좀 더 민감하다. 현장/영업 직군은 유통업계, 금융업계, 보험업계, 식품업계, 건설업계 등 업계마다 속성이 달라 다양한 업계로 활발하게 이직하기가 어렵다. 그렇기 때문에 회사 입장에서는 외부 인재 영입을 열어 놓고 모집하기에 어려움이 따르고 기껏해야 동종업계 정도의 좁은 이동 정도가 전부다. 반대로 지원/기획 직군은 업계의 속성을 많이 타지 않는다. 예를 들어 경영 지원 부서의 경우, 경영학의 인사 조직 이론에 따라서 파생된 직무로 그 줄기가 같기 때문에 업무 기본 프로세스는 어디서 어느 업종에서 근무하더라도 그 바탕은 비슷하다. 그래서 아예 다른 업계로 이직한 사람들도 곧잘 적응하여 잘 다니는 사례도 많다. 회계팀도 마찬가지다. 재무 회계, 관리 회계 등 기본 자격증을 취득한 사람이라면 정해진 이론과 틀에 맞춰서 기본 이해도는 어느 정도 공통적으로 가지고 있다. 이런 이유들로 지원/기획 직군에서 기본적인 업무 실력이나 지식이 뛰어난 외부 인력을 타 업계에서 많이 스카우트하고, 경력직 공고들도 더 많이 올라오는 것이다.

둘째는 업무의 특수성이다. 경력직으로 채용해 그 자리를 채운다는 뜻은 사세 확장에 따라서든 다른 곳으로 떠난 사람을 대체하기 위해서든 어찌 됐건 내부 인력 중에서는 마땅히 그 자리로 보낼 적임자가 없다는 뜻이다. 이런 영향은 지원/기획 직군들이 조금 더 받게 되는데 회계팀에 근무하던 사람을 법무팀으로, 인사팀에 근무하던 사람을 IT팀으로, IT팀에서 근무하던 사람을 홍보팀으로 발령 내기가 어렵다는 뜻이다. 즉, 업무 속성이 좀 더 특수성을 띠고 있다는 뜻이기도 하다. 그렇다고 지원/기획 직군에 종사하는 사람들이 아예 한 직무에서만 쭉 근무한다는 것은 아니지만, 인사팀을 예로 들자면 인사팀에서는 직무 매트릭스를 그려서 이 업무를 하던 사람이 업무 유사성을 띠고 갈 수 있는 타 직무를 ○(가능), △(보통), X(불가능)로 나눠서 정리해 놓기도 하고, 5점 척도나 7점 척도로 이동 가능한 매칭 점수를 매겨 놓기도 하는 등 직무 이동 시 유사 업무의 큰 카테고리가 한정되어 있다.

하지만 반대의 경우는 약간 더 수월하다. 어느 직무에 있던 사람이든 현장으로 내부 발령 내는 것은 상대적으로 좀 더 있을 수 있는 일이고, 업계의 속성을 잘 알고 있는 내부 직원의 이동이기 때문에 실제로 현장에서 곧잘 적응하는 사례도 많다. 이 특수성에 대한 부분은 신입 직원 채용 공고를 보면 좀 더 명확해진다. 회계 직무는 경영학/회계학 전공자, IT 직무는 IT 계열 전공자, 법무 직무는 법학 전공자를 명시하거나 우대 전공으로 특수성을 감안해 지정된 전공을 표기를 해 두는 반면에 현장/영업 직무는 신입들에 한해서는 많은 회사들이 '전공 무관'으로 표기하고 있다. 그만큼 특수성이 덜 하고, 신입으로 뽑기에 용이한 면도 있고, 또는 산업계의 속성을 타기 때문에 내부 발령으로 충분히 수요를 충족시킬 수 있다는 이야기다. 반대로 해석하면 군이 외부에서 경력직을 채용하지 않는다는 뜻이기도 하다.

노파심에 말하자면, 현장 직군이 중요도가 낮은 직무라는 것은 절대 아니다. 회사에서 가장 인정받고 대우받을 만큼 매출을 책임지고 있는 현장 직원들이기에 중요한 인력임에는 분명하다. 다만 업무 속성이 이론적인 지식이나 전문 자격증을 통하여 일한다기보다는 순간 대응 능력과 커뮤니케이션, 인적 네트워크 등이 좀 더 발휘되는 직무이기 때문에 다양한 배경의 사람들이 각자의 능력으로 시너지를 낼 수 있는 속성이 있어 그럴 뿐이다.

이직 확률을 높이기 위해선

자, 그럼 다시 처음 질문으로 돌아가서 정리해 보겠다. 본인이 이직하고 싶은데 현재 현장/영업 직군에 종사하고 있는 분이라면 경력직의 이직 확률을 높이기 위해서 먼저 사내에서 지원/기획 직군의 직무로 이동한 뒤에 이직을 도전하는 것이 좀 더 좋을 것이다. 현장/영업 직군 외에 내가 평소에 관심 있는 직무를 하나 더 설정해 놓고 관련 외부 교육을 수강해 보거나 트렌드를 꾸준히 분석해 보고 사내 잡포스팅에 근기를 남겨서 어느 부서에 가고 싶다는 뜻도 지속적으로 어필해 보면서 사내에서 먼저 직무를 한번 바꿔 보자. 그런 뒤에 현장 경험을 살린 '인사 전문가', 현장 경험이 있는 '구매 전문가' 이런 식으로 본인의 차별성을 더 드러내면서 적극적으로 경력직 시장에 이력서를 던져 본다면 승산이 있으리라 생각한다.

수많은 업종과 직무가 존재하는 채용 시장에서 절대적이라는 개념은 애초에 불가능하다. 현장/영업 직군이라고 이직을 못 한다는 것도 아니고, 경력직 채용이 없다는 뜻도 아니다. 다만 좀 더 이직이 수월한, 이직 수요가 더 많은 직무는 분명 존재한다. 본인이 정말 이직을 통해서 환경을 바꿔보거나 새로운 성장에 대한 열망이 있는 사람이라면, 한 번쯤 현재 직무에 대해서 고민을 해 보면 어떨까 싶은 마음에 의견을 적어 보았다.

가고 싶은 부서로 또는 이직이 용이한 부서로 발령받고 싶다면?

1. 지금 부서에서 평균 이상의 성과를 내라

최상급 성과를 내서 그 부서에서 인정받으라는 얘기는 아니다. 오히려 '이 사람이 없으면 안 돼'라는 인상을 줘서 발령이 힘들 수도 있다. 그런데 더 위험한 것은 성과를 못 내는 것이다. 이럴 경우 부서 이동은 가능하지만 거의 내쫓기든 안 좋은 평판을 받고 이동하게 되는 꼴이 되어 좋은 부서로 가기는 어렵다.

2. 가고 싶은 부서의 팀장님이랑 최소한 밥 한 끼라도 먹어라

하늘을 봐야 별을 따는 법이다. 가만히 있으면 가고 싶은 부서에서 나를 알아봐 주지 않는다. 내 이름 석 자라도 알리려면 그 부서의 팀장님에게 자꾸 나를 노출해라. 인사팀에서도 아무 이유 없이 발령 내지 않는다. 각 팀장의 의견을 듣고 반영하기 마련이다. 팀장 눈에 들어서 끌어오고 싶은 인력으로 인식되기 위한 첫걸음은 나를 알리는 것이다.

3. 현 팀장님과도 면담해라

현 팀장을 건너뛰고 다른 팀장을 만나러 다니고 인사팀에 상담하는 것은 좋은 그림이 아니다. 지금 팀장님과도 진지하게 나는 이런 점 때문에 다른 부서에서 경력을 키워보고 싶은 생각이 있고, 지금 부서에서 이런 이런 성과를 내면서 도움이 될 테니 나의 성장을 지원해 주셨으면 좋겠다고 말해 보면 좋을 것이다.

5

이직을 결심했지만
일단 지금 회사에 집중하라

이번엔 이직을 마음먹은 사람들의 현재 직장에서 일할 때 마인드와 전략에 대해서 말해 보고자 한다. 흔히 이직하겠다고 마음먹었으면 빨리 지금 회사를 떠날 준비를 하고 정을 떼야 되는 것 아닌가?라고 생각한다. 정답은 'NO'다. 역설적으로 이직을 하려거든 오히려 지금 회사에서 더 집중하고 신경 써야 할 것들이 있다. 어차피 떠날 회사니까 끝이 아니라는 얘기다.

증거를 남겨야 한다

첫 취업 때 열심히 이 얘기, 저 얘기 쥐어짜면서 썼던 자기소개서를 떠올려 보자. 자기소개서에 '나는 귀사의 인재상인 창의성이 뛰어난 사람입니다'라고 쓰면 끝이었던가? 당연히 거기서 끝내지 않고 창의성을 발휘한 사례를 찾아서 성과를 낸 경험들을 서술한 뒤에 이런 성과와 경험을 통해 입사 후에도 실제 업무에 투입되어 실력 발휘를 하겠다는 흐름으로 다들 썼을 것이다.

경력직 이직도 똑같다. 내가 명문대 출신, 대기업 출신, 업계 1위 회사 출신 또는 졸업 증명서나 경력 증명서 1장으로 '나는 이러한 경력이 있는 인재니까 나를 뽑아주세요'로 끝나지 않는다. 즉, 나의 경력을 증명할 구체적인 자료가 있어야 한다. 경력직 이직은 신입 채용보다 더 꼼꼼하게 따져 본다. 신입처럼 천천히 가르쳐서 육성할 포지션이 아니라 바로 실무에 투입할 포지션이기 때문이다. 그래서 이전 회사에서 내가 이런 업무를 해 봤고, 이런 업무를 하면서 성과를 냈다고 할 만한 증거들을 남겨야 한다.

단, 이런 증거들이 '물 경력'이 되지 않도록 주의해야 한다. '물 경력'이란, 연차는 계속 쌓여가지만 증거나 흔적을 남길 만한 경력을 쌓고 있지 못하는 상태를 말한다. 내가 아무리 회사 내에서 이 일도 해 보고 저 일도 했을지언정 그것이 정작 경력직으로 뽑히기 위한 중요한 업무 역량이 아닌 경우는 모두 도루묵이 될 수 있다. 그래서 이직을 하려거든 이력서에 적을 만한, 좀 더 직설적으로는 지금 회사에서 이직할 때 써먹을 만한 업무들을 찾기 위해서 발 벗고 나서야만 한다.

어떤 증거를 남겨야 할지 모르겠다면?

　그렇다면 먼저 어떤 증거를 남겨 두면 좋을지 고민이 될 것이다. 내가 했던 모든 업무를 일거수일투족 다 줄줄이 나열해 놓을 수도 없는 노릇일 테고 답답할 수도 있다. 그럴 때는 경력직 채용 공고에서 힌트를 얻으면 되는데, 즉 이직 시장에서 필요로 하는 업무 증거를 남겨 둔다고 생각하면 편하다.

　경력직은 신입을 뽑을 때와는 달리 세부 직무가 중요하다. 현재 내가 재직 중인 인사 직무를 예를 든다면, 인사에서도 채용, 급여, 복리 후생, 노무, 교육 여러 직무가 있을 것이고 거기서 한 단계 더 나아가서 같은 교육 내에서도 리더십 교육, 직무 교육, 조직 문화 교육, 핵심 가치 교육, IT/디지털 교육 등 세부적으로 요구하는 직무가 상당히 지엽적으로 나와 있는 경우가 많다. 이유는 앞서 서술한 것처럼 경력직은 일단 뽑아 놓고 두루두루 경험하게 하면서 육성하려는 것이 아니라 특정 자리에 공석이 발생해 바로 투입하려다 보니 더 세부적인 '딱' 그 직무에 맞는 인력을 채용하려는 것이다.

　즉, 경력직 공고를 올린 회사가 필요로 하는 인재는 바로 채용 공고의 요구 사항에 소상히 적혀 있다. 역시나 나의 직무를 예로 들면, 나는 우리 회사에서 리더십 교육만 해 봤는데 최근 교육 직무를 뽑는 경력직 공고에 디지털 교육을 해 본 사람을 찾는 공고가 많아지고 있다고 가정해 보자. 외부 트렌드에 맞게 나는 우리 회사에서 디지털 교육을 해 보자고 기획안을 써 본다든가, 기획안이 통과가 안 된다면 다른 교육에 작게라도 디지털과 관련된 교육을 넣어 본다든가 하면서 외부 수요에 내 역할을 끼워 맞춰 가야 한다. 그래도 정 안 되면 외부 교육을 통해서라도 부족한 부분을 충족해야 할 수도 있다.

따라서 내 직무를 뽑는 경력직 공고에서는 주로 어떤 세부 조건을 원하는지를 한 번쯤은 정리해 두어야 한다. 그렇다고 매일 외부 공고만 보고 있으라는 뜻은 아니다. 날 잡아서 몇 개의 공고들만 봐도 최근에 내 직무에서 세부적으로 원하는 경력의 트렌드를 읽을 수 있으니 그 목록들을 리스트업해 놓도록 하자. 그러고 나서 내가 평소 회사에서 업무를 할 때 그 목록에 맞는 일들을 해 나가고 있는지 하나씩 체크하면서 점검과 보완을 할 수 있다. 시간이 지나면서 매칭되는 내 업무 사례들이 하나씩 생길 것이고 그것이 곧 증거가 되는 셈이다.

증거를 어떻게 남길 것인가?

내가 가만히 있으면 물 경력을 쌓는 꼴이 되고, 그렇다고 회사가 내 경력을 일일이 챙겨주지도 않는다. 그렇기에 스스로 증거를 만들기 위해서 움직여야 되고 단 1%라도 연결 고리를 만들기 위해서 결국 '내가', '지금 회사에서', '관련 업무'를 찾아서 레퍼런스를 만들어 가야 한다. 당연히 어려울 것이다. 한번 이직하겠다고 마음먹으면 사실 업무에 집중도 안 되고, 좋던 것들도 싫어 보이는 게 사람인데 그 마음 너무도 잘 알고 있다.

그럴 땐 먼저 마인드를 전환해 보자. 회사에는 미안한 일이지만 내가 이 회사를 위해서 열심히 일하고 충성한다는 마인드 대신 내가 '나'를 위해서 일한다고 생각하고 몰두하자. 동료, 상사가 싫더라도 나를 위해서 집중해 보자. 나 혼자 회사 내에서 일을 만들고 진척하기 어려운 환경이라면 제안서라도 역으로 상사에게 던져 보면 좋은데, 이런 경험은 나중에 경력기술서에 이러이러한 것을 수요 조사, 배경 조사해 봤다고 적어 볼 수 있기 때문이다. 또, 내부 사정으로 실행까지는 옮기지 못했지만 그때 기획했던 경험이 있기에 새로운 환경에서 잘 적응할 수 있고, 이번엔 꼭 실행에 옮겨 보고 싶은 포부가 있다는 적극적인 지원 동기도 완성될 수 있다.

다음으로는 기록을 해 보자. 앞서 말한 외부 채용 공고 분석을 통해 공통으로 보이는 세부 직무 조건을 리스트업한 것 중에서 매칭되는 업무가 단 하나라도 생길 때마다 바로 기록해 두어야 한다. 당장 경력기술서를 작성하는 단계는 아니기 때문에 거창하게 장문으로 기록을 남길 필요는 없다. 포인트는 '바로'에 있다. 핸드폰 기본 메모장이나 메모 앱도 좋고, 카카오톡으로 개인 메시지를 보내 놓아도 좋다. 이때 중요한 점! 기록해 둘 때는 '기간, 왜, 역할, 결과' 이 4가지 요소는 꼭 들어가야 한다.

첫 번째 '기간'에는 그 업무를 언제부터 언제까지 했는지 기간을 표기해 놓자. 이직 시 그 업무를, 그 프로젝트를 얼마나 했는지는 면접관들이 중요하게 보는 요소다. 그때그때 정리해 두고 나중에 다시 돌아볼 때 시간이 너무 짧게 투입된 업무는 우선순위에서 빼는 것이 더 좋을 수도 있기 때문에 꼭 기간을 함께 표기해 두자. 두 번째 '왜'에는 그 업무를 내가 왜 했는지 증거를 남겨 기록해 두자. 그냥 단순히 하던 일이었는지, 상부의 지시가 있었는지, 외부 사례를 벤치마킹하고 실행에 옮긴 것인지, 순수 아이디어였는지 등의 사유를 적어 둔다면 내가 추후에 경력기술서에 옮길 핵심 사례를 선별할 때 무게감을 판별하기 좋다. 세 번째 '역할'에는 내가 온전히 다 한 업무인지, 동료의 도움이 있었는지, 나는 거기에서 어떤 역할을 맡았는지를 적어 두자. 그래야 나중에 이 업무를 내가 했던 것이 맞는지, 내가 어디까지 기여를 했었는지 확실하게 경력기술서에 기재할 수 있다. 마지막 '결과'에는 성공했는지, 실패했는지, 어느 정도의 결과물이 나왔는지 기록하자. 이렇게 해 두면 나중에 수치화하는 작업에서 요긴하게 써먹을 수 있다.

이번 장을 정리해 보면 이직 전 지금 회사에 있는 동안 집중해서 만들어 놓아야 할 것들이 있기 때문에 그것을 흔적으로 남기기 위해 노력해야 하며, 당장 이직하고 싶은 마음이 크더라도 역설적으로 한동안 지금 회사 업무에 몰입해야 한다는 이야기를 했다. 좋은 곳으로의 이직은 지금 회사에서 잘해야 갈 수 있지, 가고 싶다고 나가고 싶다고 주문만 외운다고 되는 건 아니라는 것을 기억하자.

6

몇 년 정도 경력을 쌓고
떠나야 좋을까

이직할 때 흔히 하는 고민들이 있다. 바로 "내가 떠나도 되는 연차일까?", "내 연차에도 이직이 가능할까?" 등이다. 이번 장에서는 이직 시기에 대해서 이야기해 보도록 하겠다.

2021년 취업 포털 잡코리아에서 남녀 직장인 1,324명을 대상으로 조사한 설문 조사에 따르면 62%가 올해 구체적으로 이직할 계획을 가지고 있다고 응답했다고 한다. 이직 준비 현황은 경력 연차별로 차이가 있었는데, 직장 경력 7년 차 직장인들이 76.3%로 가장 높았으며 경력 5년 차 74.1%, 3년 차 70.5% 순으로 이직을 준비하고 있다고 나타났다.* 설문 조사 대상자 수가 많지 않아 100% 정확하다고는 할 수 없지만, 이직 준비를 하며 수없이 많은 공고를 봐 왔던 내가 보기에 어느 정도 일치하기도 하고, 내가 강조하고 싶은 메시지와도 일맥상통한다.

결론부터 밝히자면, 설문 결과와는 살짝 다르지만 내가 생각하는 최적의 이직 시기는 5년 차다. 그리고 일단 경력직으로 이직을 결심했다면 홀수 연차 때 본격적인 준비를 하면 좋은데, 이유는 잘 모르겠지만 우리나라 취업 시장에서 경력직 공고는 3년 차, 5년 차, 7년 차와 같이 홀수 연차별로 모집을 많이 한다.

물론 짝수 연차 때 이직을 못 한다는 이야기는 아니다. 다만 우리나라의 취업 시장 흐름에 따라 4년 차면 3년 차 경력직 공고에 지원하기는 아쉽고, 그렇다고 5년 차 공고에 지원하기는 부족한 상황이 될 수 있기에 홀수 연차 때의 이직이 더 깔끔한 모양새긴 하다. 그럼 왜 5년 차를 언급했는지 이유를 하나씩 살펴보자.

1년 차

1년 차는 경력직으로 이직하기에는 너무 이르지만 대신 중고 신입으로 지원하기에는 황금기다. 요즘은 중고 신입도 상당히 인기가 많다.

---

* http://www.slist.kr/news/articleView.html?idxno=232694

다만 연차 높은 사람이 경력을 포기하고 중고 신입으로 들어가겠다고 하면 회사 입장에서는 부담스러울 수도 있으니 중고 신입으로 입사를 노린다면 연차가 쌓이기 전에 빠른 판단과 선택이 필요하다.

3년 차

자, 그럼 3년 차. 처음으로 이직 시장에 나와 볼 수 있는 시기다. 3년 차에 이직을 가장 많이 한다고 하니 나도 금방 이직에 성공할 것 같아 마음이 들뜨기도 할 것이다. 실제로도 가능한 얘기다. 다만 연봉이나 직급이 현 직장보다 더 나은 조건으로 가야 좋은 이직이라고 할 수 있는데, 사실 3년 차에는 그런 기회가 쉽게 오지 않는다. 3년 차면 대부분 회사에서 사원~대리 진급 대상 위치인데, 의외로 그 시점에서 대리로 승진하지 않고 이직을 하거나 또는 이직할 회사에서 대리 직급을 인정해 주지 않는 경우도 많다.

3년이라는 경력이 특정 업무에 대해 익숙해지는 '최소한'의 시간이기 때문에 엄청나게 숙련된 직원이라고 판단하기에는 약간의 무리가 있기 때문이다. 성장 욕구가 큰 사람이라면 이직을 해서 좀 더 크게 변화를 꾀하고 싶을 텐데 그렇지 못한 현실에 실망할 수도 있고, 막내 생활에서 크게 벗어나지 않는 환경에 힘들어하다가 결국 또 몇 년 경력을 쌓고 다시 이직을 준비하게 될 수도 있다. 그리고 연봉도 옮기게 될 회사의 신입 사원 초봉과 큰 차이가 없어 드라마틱한 수직 상승이 어려울 수도 있으니 3년 차에 이직은 유의해야 한다는 입장이다.

7년 차

다음은 7년 차다. 개인적으로 5년 차 다음으로 이직하기에 적기인 연차라고 생각한다. 다만 5년 차 때보다 후 순위로 미룬 이유는 일단, 공고 숫자 자체가 적기 때문이다. 모든 공고를 확인하고 조사를 해 본 건 아니지만, 실제로 내가 이직 준비를 하면서 많이 봤던 모집 연차는 아니다. 상대적으로 3년 차 모집, 5년 차 모집에 비해서 7년 차 모집 공고는 많이 보지 못했다.

7년 차면 회사에서 중간 관리자로, 빠르면 팀장 바로 밑의 차상위자 보직도 맡을 수 있는 위치다. 그런데 이 중간 관리자는 업무 능력, 전문성도 중요하지만 작은 단위의 조직을 이끌기 위해서 그 회사의 문화나 분위기를 잘 알고 있어야 하는 역량도 매우 중요하다. 그렇기에 내부적으로 연차가 조금 있는 직원을 찾는 경우가 많고, 새로운 인물을 채용해서 바로 그 직무를 담당하게 하기에는 회사도 그 자리에 올 사람도 서로 부담스러울 수 있다. 물론 새로운 분위기가 필요한 경우에는 외부에서 인물을 데려올 수도 있지만, 그렇든 그렇지 않든 지원자 입장에서는 적응하는 데 좀 더 많은 시간과 노력을 기울여야 잘 정착할 수 있다고 생각한다.

또, 회사 측에서는 연봉을 맞춰 줘야 하는 부담도 있다. 7년 차면 직장 생활을 하면서 가장 연봉 상승률이 높아지는 구간이다. 그래서일까 '이때가 마지막 적기다'라는 생각에 연봉을 좀 더 욕심내서 부르는 사람들도 많다. 지금 회사를 떠나고 싶은 마음에 이직을 준비했지만, 지금 회사에서도 충분히 대우받고 있으니 희망 연봉을 포기하면서까지 굳이 이직하지 않겠다는 제스처를 취하는 분들도 많이 봐 왔다. 어찌 됐건 공고가 뜨는 기회가 상대적으로는 적다는 게 중론이고, 지원자 입장에서 7년 차 때 이직하게 되면 업무 발휘 외에도 신경 써야 할 것이 많기에 더 고생할 수도 있다는 생각이다. 아, 물론 엄청난 능력의 소유자들은 그럼에도 엄청난 돈을 줘서라도 모셔 오긴 하겠지만 특이 케이스라 예외로 두겠다.

결론은 5년 차

그래서 5년 차다. 결정적으로 5년 차 공고가 가장 많다. 경력직 공고가 떴을 때 체감적으로 5년 차 이상 모집 공고가 확실히 제일 많았다. 실제로 본인 직무로 검색을 해 봐도 좋다. 5년 차 공고가 가장 많은 이유는 회사 입장에서는 관리자급까지는 아니지만 실무자로서 어느 정도 숙련도가 있으면서 가장 일을 많이 할, 또 가장 일을 많이 시킬 실무자 of 실무자이기 때문이다. 지원자 입장에서도 내가 한 팀을 홀로 이끌어야 하는 부담은 없으면서 그동안의 업무 경험들을 발휘할 수 있어 스스로 커리어를 발전시키기에도 너무 좋은 시기다. 업무 실력을 여유 있게 발휘하면서 경력을 잘 쌓아 나간다면 몇 년 후에는 관리자로 자연스럽게 안착할 수 있는 흐름으로 연결될 확률도 높다. 이렇게 5년 차는 수요도 공급도 많은 연차라서 취업 시장이 활발하게 형성되는 것이다.

이직의 가장 첫 번째 목표는 돈을 더 받는 것도, 더 네임 밸류가 더 높은 회사로 가는 것도 아닌 자신의 전문성을 키워 가면서 커리어를 확장시킬 수 있는 계기가 되어야 한다. 다시 말해 자기 성장의 디딤돌이 되어야 한다는 것이 나의 지론이다. 그래서 5년 차를 이직하기에 최적의 시기라고 말하고 싶다.

이미 5년 차가 지났다고 해서 좌절할 필요도 없고, 다른 연차는 이직이 불가능하다는 것도 아니다. 나의 개인적인 경험을 바탕으로 한 이직의 적기를 밝혀 본 것이니 참고용으로 알고 가면 되겠다. 반대로 현재 5년 차에 임박한 분들이라면 5년 차 전후를 적극적으로 노려 물이 들어올 때 노를 저어 보도록 하자.

7

완벽한 회사가 있을 것이라는
환상은 버려라

최근에는 회사를 소재로 한 드라마나 예능을 많이 볼 수 있다. TV에서 직장인들이 자기 회사를 소개할 때면 "와, 정말 저런 회사가 있다니 우리 회사도 저랬으면…" 하고 괜스레 내 회사와 비교하기도 하고 신세 한탄을 하기도 한다. 보통 이직할 때 이런 완벽한 회사를 찾아서 근무하기를 꿈꾸는 사람들이 더 많은 것 같다. 여기보단 좋겠지, 여기보단 내 꿈을 펼쳐볼 수 있는 곳이겠지 하고 말이다.

하지만 다양한 업종의 회사를 다녀 보면서 세상에 완벽한 회사란 없다고 확실히 말할 수 있다. 돈을 많이 주는 곳은 야근이 잦고, 워라밸이 좋은 곳은 연봉이 낮고, 대기업은 근속 연수가 짧고, 길게 일할 수 있는 곳은 회사 네임 밸류가 낮다. 취업 준비생들의 선호도 1위 회사에서도 직장 내 괴롭힘, 수직적인 근무 문화 등으로 얼마 버티지 못하고 퇴사를 한다거나 극단적인 선택을 했다는 뉴스도 들릴 정도니 정말 완벽한 직장이란 없는 것 같다.

연애와 비슷한 취업 과정

흔히 우리가 취업 과정을 연애에 비유하곤 하는데, 조금은 공감하는 바다. 외모, 성격, 능력, 학벌 뭐하나 빠짐없이 완벽한 이성을 찾는다는 것은 사실상 불가능에 가깝다. 외모가 뛰어나면 얼굴값을 한다거나, 성격이 좋으면 외모가 내 이상형이 아니거나, 능력이 좋으면 성격이 안 좋거나 꼭 뭔가 하나씩 단점이 있기 마련이다. 그리고 그 단점이 점점 거슬리고 문제가 커진다면 우리는 이별이라는 카드를 꺼낸다. 그리고 우리는 '그 단점만 없는 사람이면 오케이다'라는 마인드로 또 다른 사랑을 시작하기도 하고, 비슷한 단점이 있는 사람인 걸 알면서도 '이번엔 다르겠지' 하고 또 사랑에 빠지기도 하면서 각기 다른 이유로 자신의 이상형 기준에 맞게 새로운 사랑을 한다.

취업 과정도 마찬가지다. 연봉도 높고, 워라밸도 좋고, 복지도 좋고, 사람도 좋고, 조직 문화도 좋고, 네임 밸류도 있고, 안정성도 갖춘 그런 회사는 매우 희박하다고 본다. 아니, 나는 없다고 본다. 제아무리 신의 직장이라 여겨지는 회사도 이야기를 들어보면 속이 다른 경우를 많이 봤다. 그래서 우리는 뭐 하나가 부족한 곳이라도 일단 회사에 들어가서 경험해 보고, 문제점을 극복해 보기도 하고, 너무 심하게 맞지 않다면 떠나기도 한다. 그리고 비슷하다는 걸 알면서도 또다시 새로운 회사를 찾고 반복한다.

신입 사원들이 회사를 선택할 때는 '처음이니까'라는 것이 통용된다. 취업난 속에서 단점이 뻔히 보이는 회사지만 계속 백수로만 있을 수는 없기에 대부분의 사람들은 붙은 곳이 있으면 일단 입사를 결정한다. 혹은 첫 사회생활이기에 '분명 지상 낙원 같은 회사는 있을 거야'라는 희망을 품은 채 입사하는 것도 이해는 간다. 그렇지만 경력직으로의 이직은 달라야 한다. 완벽한 회사가 있다는 꿈에 계속 취해 있는 것도 바람직하지 못하며, 단점이 너무 심한 회사라면 적당히 거르고 기다릴 줄도 알아야 건강한 이직이 된다.

나만의 기준 수립은 필수

건강한 이직을 위해서 나만의 회사 기준을 정의해 보자. 회사를 다녀 봤기 때문에 그간 생활에서 또, 주변 사람들의 회사 생활 스토리 등을 통해서 충분히 기준을 세울 수 있는 사례들이 많다. 기준을 세울 때는 너무 많은 기준점을 나열하기보다는 내가 포기할 수 없는 요소 1~2가지와 절대 이런 곳은 가지 않겠다는 요소 1~2가지 정도면 충분하다. 기준이 될 수 있는 요소로는 '네임 밸류', '규모', '연봉', '조직 문화', '복지', '워라밸', '안정성' 정도면 무난하다. 그리고 그 요소들을 간단한 표나 도식화할 수 있는 도구를 활용해 작성해 보거나, 우선순위를 나열해 보고 내가 알아볼 수 있도록 잘 정리만 해 두면 된다. 아래의 표는 단순 예시로 참고만 해 보기 바란다.

나만의 회사 기준 수립

연봉	규모	네임 밸류	조직 문화	안정성	복지	워라밸
대리 연봉 5천 이상	재계 50위권 이상	브랜드 인지도	현직자 리뷰 3.5점 이상	평균 근속 10년 이상	임직원 대출, 체력 단련 휴가 제도 필수	야근 주 1회 이하, PC-OFF 제도 유/무
1순위	2순위	3순위	4순위	5순위	6순위	7순위

나만의 회사 기준은 거창하지 않아도 되지만, 충분한 고민을 한 후에 세워보는 것이 중요하다. 그리고 다 충족할 수 있는 완벽한 회사는 없음을 인지하고 고민해 보자. 예를 들어, 나는 다른 건 몰라도 연봉은 포기 못 한다는 조건을 1순위로 한다면, 이직 활동할 때 일단 연봉이 낮은 업계들은 지원하지 않고, 입사 제안을 받는다면 가장 먼저 그 회사의 해당 직급 연봉은 어느 정도인지 알아봐서 묻지마식 지원으로 인한 에너지 낭비를 줄이는 것이 현명하다.

경력직이라는 신중함

경력직으로의 이직은 회사가 마음에 들지 않는다고, 지금 당장 떠나고 싶다고 휙 하고 떠나서 아무 회사나 들어갈 수 없다. 이직 전에 자기만의 회사 기준을 확실히 세워 둬야 무턱대고 가서 적응하지 못하고 또 나갈 생각만 하게 되는 우를 피할 수 있다.

연애와 이직 과정을 비교했을 때 다른 점은 연애는 사귀기 전까지는 이 사람이 어떤 사람인지 알 수 있는 정보가 없지만, 이직은 꼭 그 회사에 다니지 않더라도 파악해 볼 수 있는 데이터가 많다는 것이다. 금융감독원 공시 자료도 있고, 재무제표로 기업 재정 상태와 안정성을 판가름할 수도 있고, 현직자 후기를 볼 수 있는 플랫폼(블라인드, 잡플래닛, 캐치, 리멤버, 기타 취업 포털사이트 등)에서 조직 문화를 엿볼 수도 있고, 크레딧잡이라는 곳에서 연봉 테이블도 확인해 보는 등의 다양한 방법들이 있으니 여러 정보를 면밀하게 따져 이직을 결정하자.

이직은 소중한 기회다. 조금 더 과장해서 말하자면, 이직을 한 번 할때마다 내가 평생 이직할 수 있는 한정된 카드를 한 장씩 써 버리는 셈이다. 잦은 이직은 합격 확률을 떨어뜨리기에 신중해야 하고, 그렇기때문에 꼭 내가 포기할 수 없는 '기준'을 명확하게 정립한 뒤에 차근차근 이직 절차를 밟는 것이 중요하다. 그래야만 실패 없는 이직, 만족스러운 이직, 성숙한 이직이 될 수 있다.

8

연봉 인상만이
성공적인 이직은 아니다

각종 취업 포털이나 매체에서 직장인들을 대상으로 하는 설문 중에 이직 사유로 항상 상위권에 랭크되어 있는 항목이 바로 연봉에 대한 불만이다. 직장인들이 연봉 때문에 이직하는 경우가 많다는 뜻이고, 실제로 연봉 상승만을 위해서 이직하는 사람들도 많다. 과연 연봉 상승만이 성공적인 이직일까? 이번엔 연봉에 대해서 한번 이야기를 나눠 보고자 한다.

연봉이 높은 회사는 다 이유가 있다

나는 다섯 군데의 회사를 다녀 보면서 연봉이 가장 높았던 금융권에서도 있어 봤고, 연봉이 가장 낮았던 서비스업에서도 있어 본 경험이 있다. 그러면서 한 가지 확인할 수 있었던 사실은 연봉이 높은 곳은 확실히 업무 강도가 높았다는 것이다. '업무 강도'라는 것이 어떤 것을 기준으로 하느냐에 따라 다르기도 하고, 주관성이 작용하는 명제이긴 하지만 그래도 확실히 돈을 많이 주는 곳은 다 그만한 이유가 있었다.

주 52시간제도가 도입되기 전 시절에 근무한 연봉이 높았던 OO 회사는 근로 계약서에는 하루 근무 시간이 9시간(9 to 6)이었지만, 실제로는 오전 7시에 출근해서 밤 9시에 퇴근하는 일이 다반사였고 격주로 토요일 오전에 출근하기도 했다. 또 다른 연봉이 괜찮았던 OO 회사는 근무 시간은 그럭저럭 괜찮았지만 쉴 틈 없이 빠르게 돌아가는 업무, 숨 막히는 일 처리, 작은 것 하나까지 보고하는 문화가 정착된 곳이라 잠시 바람을 쐬고 커피를 마실 여유도 사치일 정도로 하루가 끝나면 혼이 나가버리는 곳이었다.

나의 사례가 아니더라도 연봉이 높은 사람들은 정말 그만큼의 업무 강도를 가진 회사나 업계에서 근무하는 일이 많았다. 어느 정도 연봉과 업무 강도는 비례한다고 보기에 만약 워라밸을 추구하거나, 여유 있는 업무 문화를 선호하는 사람이라면 무조건 연봉 상승만을 목표로 이직하는 것이 능사는 아니라고 생각한다.

지금만 기회가 아니다

연봉을 높일 수 있는 기회는 꼭 이직한 그 '순간'이 아니더라도 분명 있다. 특히나 요즘은 많은 회사들이 성과 연봉제를 채택하는 추세라서 내가 좋은 평가를 받으면 동일 직급의 동료들보다 더 나은 보상을 받을 수 있는 기회도 많이 열려 있다. 이런 이유로 사내에 그런 보상 제도가 있다면 당장 연봉 상승이 많이 되지 않는 조건이더라도 도전적으로 입사를 선택해 볼 수 있다. 또한, 연봉을 포기하는 대신 내 직무 전문성을 높일 수 있는 환경이 명확하다면 그럴 때도 입사를 해 볼 여지가 있다.

직장인이 결국 내 몸값을 높일 수 있는 무기는 내 직무에 대한 전문성과 경험이다. 그래서 이 회사에서 이전에는 경험해 보지 못했던 업무들을 많이 경험해 볼 수 있거나, 내 역할이 더 커져서 깊이는 업무를 해볼 수 있거나, 내 업무 능력을 키워줄 수 있는 우수한 실력의 선임자가 있다는 등의 내가 크게 성장할 수 있는 곳이라면 사내 연봉 협상 때, 혹은 다음 이직 때 연봉을 높일 수 있는 기회가 올 수 있다.

나 또한 연봉을 거의 올리지 못하고 이직한 적이 한 번 있었는데, 대신에 업무 경험을 많이 쌓을 수 있는 환경이어서 여러 가지 사항들을 고민한 후 그곳으로 이직했다. 그리고 내가 예상했던 것처럼 그다음 회사로 이직할 때 경력기술서가 풍부해져서 그때 못 올린 연봉까지 더해 연봉을 올릴 수 있었다. 내 경우처럼 때론 길게 볼 필요도 있다는 것을 꼭 말해 주고 싶다.

연봉에 숨어 있는 착시 효과

보통 연봉은 기본급에 직무 수당 또는 정기 상여금 같은 비용이 더해져 있고, 연간 성과에 따른 성과급이 별도로 나오는 구조가 일반적이긴 하다. 여기에 대기업의 경우에는 복지 포인트가 있기도 하고, 아니면 포괄 임금제를 따르지 않는 회사의 경우에는 야근 수당이 별도로 있기도 하고, 명절 상여금이 기본 연봉에 포함되었느냐 아니냐 여부에 따라 조금씩 차이가 있기도 하다. 그렇기 때문에 표면에 적혀 있는 액수만 볼 것이 아니라 이런 이면을 꼼꼼히 따져 보아야 한다. 입사 전 인사 담당자와 연봉 협상을 할 때, 구체적인 요소에 따라서 세부 내역과 조건을 반드시 조목조목 따져 확인해야 한다.

내 경우에는 연봉이 표면적으론 높았는데 거기에 각종 수당이 잔뜩 붙어있었고, 복지비가 현금화할 수 없는 포인트로 제공되어서 실제로 손에 쥐어지는 돈이 없었다. 따라서 각종 수당과 복지비에 현혹되지 말고 기본급이 얼마인지부터 살펴봐야 한다. 연차 미사용 분을 정산할 때, 퇴직금을 정산할 때, 명절 상여금을 줄 때 등의 제반 수당들은 대부분 회사에서 모두 '기본급'을 기준으로 상정하기 때문이다. 그리고 연봉에 포함된 성과급도 잘 알아봐야 하는데, 연간 성과급은 회사 실적이 좋아야만 보너스 개념으로 나오는 것이지 그렇지 못한 경우에는 받지 못할 수도 있기 때문이다. 나 또한 이 성과급을 마치 매년 받을 수 있다는 듯이 성과급의 대략적인 예상 금액을 연봉에 같이 포함시켜서 협상을 해 버리는 경우도 경험한 적이 있었다. 미리 꼼꼼히 따져 보지 못한 탓이었다.

연봉 인상률도 고려해야 한다

그리고 또 한 가지 잘 따져 보아야 할 것은 바로 연봉 인상률이다. 이는 지원자 입장에서 정확하게 알기가 어렵긴 하지만 지금 당장은 연봉이 높이 올라간 것처럼 보여도 알고 보니 직급이 상승할 때 연봉 상승률이 낮은 회사라서 장기적으로는 그전 회사에 남아 있는 게 더 이득인 경우도 발생할 수 있다. 심지어 직급이 통합되어 버리는 곳들도 늘어나는 추세라서 다음 승진까지 상당히 오랜 시간이 걸려 연봉이 꽤 오랫동안 제자리에 묶여있을 수도 있다. 이런 곤란한 상황에 처할 수도 있으니 연봉 인상률도 꼼꼼히 확인해 봐야 한다.

당장의 이직 직후 연봉에만 골몰해서는 안 된다고 말하고 싶다. 연봉에 숨어 있는 요소들을 꼭 하나씩 잘 살펴보는 노력이 필요하다는 점, 잊지 않길 바란다.

9

이직이 잦으면 안 좋다던데

인터넷에 경력직 이직과 관련된 글을 검색해 보면 잦은 이직에 대해 고민하는 사람들이 많다는 것을 어렵지 않게 알 수 있다. 이직이 잦으면 마이너스다, 아니다 최근에는 상관없다더라 등의 여러 이야기들이 돌고 도는데 사실 정답은 없다. 내가 어느 인사 담당자를 만나느냐에 따라 달린 셈이긴 하니까. 하지만 경험상 개인적으로 내린 결론은 '잦은 이직은 합격 확률을 떨어뜨린다'이다.

2019년 잡코리아에서 직장인 1,322명을 대상으로 조사한 직장인 경력 연차별 평균 이직 횟수 결과에 따르면 경력 3~5년 차 직장인의 이직 횟수는 평균 2회를 넘은 것으로 나타났다. 3년 차와 4년 차 직장인의 이직 횟수가 평균 2.2회로 같았고, 5년 차 직장인은 평균 2.7회로 증가했다. 이후 6년 차부터 9년 차 직장인의 이직 횟수는 평균 3회를 넘었고, 경력 10년 차 직장인은 평균 4회, 경력 11년 차 이상의 직장인 이직 횟수는 평균 4.2회로 높았다. 흥미로운 점은 잡코리아에서 2010년도에 실시한 동일 조사와 비교했을 때 각 연차별로 약 1회 이상 이직 횟수가 증가했다는 사실이다.* 그만큼 10년 전과 비교해 보면 이직이 얼마나 활발히 이뤄지고 있는지를 엿볼 수 있다.

실제로도 요즘은 평생직장이라는 개념이 사라지고 이직이 상당히 일반화된 시대이기 때문에 이직을 한 번도 안 한 사람보다는 해 본 사람이 많아지고 있기도 하고, 서른 즈음에 2~3회 정도 이직은 평균이라고 볼 수 있을 것 같다.

나는 연차에 비해 이직을 많이 한 편이다. 직장 생활 7~8년 차에 신입, 중고 신입, 경력직 다 합쳐서 총 5번 이직을 했으니까. 그런데 정말 신기하게도 이직 횟수가 +1씩 될 때마다 입사 제안이나 헤드헌터에게 연락 오는 빈도가 확연하게 줄었고, 오픈 공고에서는 서류 합격률부터 차이가 났다. 그리고 요새는 공고마다 "이직 횟수 적은 자 우대" 또는 "이직 횟수 3회 이내인 자" 이런 식으로 조건을 달아 놓는 공고도 꽤나 많이 볼 수 있다.

---

* http://www.dvnnews.com/news/articleView.html?idxno=18857

☞ 이직 횟수 관련 우대 공고

OOO 센터 헤드헌터 OOO 입니다.

포지션 제안을 수락하셔서 채용사와 관련된 JD를 보내 드립니다.
아래 포지션 안내 참고하시고 첨부한 이력서 양식에 맞추어 회신 주시면 검토 후
해당 기업에 추천토록 하겠습니다. 좋은 결과가 나올 수 있도록 최선을 다할 것을
약속드리며, 모쪼록 좋은 인연이 되길 바랍니다.

채용사: OO글로벌
국내 최고의 건설 CM, PM사

1. 담당 업무: 교육 담당
*전임자 이직에 따른 대체 충원

2. 자격 조건:
- 총 경력 5년~12년
- 서울 중상위권 대학 이상으로 경영학, 교육학, 심리학 관련 전공자 우대
- 교육 체계 수립, 교육 과정 개발 및 운영 경험자
- 경력 개발 계획 수립 및 운영 유경험자 우대
- 300인 이상의 중견 기업에서의 교육 업무 경험자
- 이직 횟수 3회 이하 ←

3. 직급: 대리~과장

4. 근무지: 서울시 강남구 삼성동

5. 전형 절차: 서류 전형→1차 면접→인적성 검사,
　　　　　　　영어 테스트→2차 면접→채용 검진→최종 합격

6. 제출 서류: 이력서

감사합니다.

특히나 짧은 기간 내에 이직이 잦은 것은 더더욱 그렇다고 할 수 있다. 우리나라 정서 특성상 기업 문화가 외국처럼 고용 유연성이 높지 않고 순혈주의나 충성심, 애사심, 로열티를 중시하는 것이 주된 이유다. 이직이 잦은 사람은 적응력이 낮고, 장기 프로젝트를 맡기기에는 어렵다고 생각해 버리는 인식도 한몫한다. 물론 실제로는 사람 by 사람일 텐데도, 회사 입장에서는 확률에 기댈 수밖에 없으니 이해가 안 가는 것은 아니다. 바로 또 그만둘 위험이 있는 사람은 회사 차원에서도 소모되는 비용만 커질 수 있기에 더욱 그렇다. 외국계 회사들은 좀 덜하다고는 하지만 우리나라에서 사업한 지 오래된 곳들은 국내 기업들과 대동소이했다.

이직 횟수도 횟수지만 그 횟수 내에서 한 회사에서 최소한 몇 년을 있었느냐도 하나의 척도로 본다. 주변 인사 담당자들의 이야기를 들어 보면 한 회사에서 최소 3년, 아무리 못해도 2년은 있어 본 지원자를 더 선호한다고 했다. 똑같이 이직 횟수가 3번인 사람이라도 한 회사에서 3년/5년/3년 있어 본 지원자와 1년/2년/1년 있어 본 지원자가 있다면 당연히 앞의 지원자가 상대적으로 더 좋은 인상을 줄 수 있다는 것이다. 한 직무에 대한 숙련도를 따지는 기준점이 최소 2~3년이라고 보기 때문이다. 실제로 직장 생활을 한 사람들이라면 공감하리라 본다. 나 역시도 재직 기간이 짧았을 때 서류에서 좋은 점수를 받지 못해 탈락했었던 경험도 있고, 실제로 헤드헌터가 그 점이 마이너스 요인이었다고 코멘트를 적어 준 적도 있었다.

☞ 이직 횟수로 인한 탈락 사유

안녕하세요. minuk님.

OOO 포지션 추천해 드린 헤드헌터 OOO 입니다.
서류 전형 결과가 나왔으나 긍정적인 결과가 아니라 정말 죄송합니다.

경력과 능력은 의심치 않으나 고심 끝에 채용하지 않기로 결정해 주셨습니다.
지원해 주셔서 감사하다는 말씀과 내부 일정으로 결과가 너무 늦어진 점에 대해서도
양해 말씀 부탁드린다고 전달해 주셨습니다.

향후 준비에 도움이 되도록 조금 더 자세한 피드백을 드리고 싶었지만, 특별한 코멘트는
따로 없었습니다. 다만, 직무 적합도는 높으나 이직 횟수 및 재직 기간이 짧은 부분이
아쉽다고 말씀해 주셨습니다.

개인적으로도 무척 아쉬운 마음이 큽니다.
바쁘신 와중에도 잘 협조해 주셔서 정말 감사합니다.

추후 더 적합한 JD로 인사드리도록 하겠습니다.

감사합니다.

일관된 목표나 흐름을 만들어서 보완하라

　잦은 이직은 가급적이면 만들지 않는 것이 현명하다. 하지만 이미 이직 횟수가 많아진 케이스라도, 어쩔 수 없는 극악의 상황 때문에 이직을 또 해야 할 입장이라도 낙담하진 말자. 잦은 이직을 보완할 방법이 아예 없는 건 아니다. 바로 잦은 이직 속에서도 내 목표나 방향성은 언제나 '일관되었다'라는 것을 어필하는 것이다. 단, 자기 합리화에 머물지 않도록 객관적으로 이유를 만드는 것이 중요하다.

　가장 잘 통했던 논리는 '특정 직무 전문가로서 업무 경험 소화를 위한 이직'이라는 흐름이다. 내가 비록 회사 또는 업종은 계속 바뀌었지만, 직무만큼은 변동 없이 유지해 왔고 이 직무의 전문성을 쌓기 위한 목표 하나는 변함이 없었다. 그리고 지금도 그런 이유에서 지원한 것이다는 패턴이다. 실제로도 한 직무 내에서 경험해 볼 수 있는 세부적인 업무나 부여받을 수 있는 업무 범위는 회사마다 다르기 마련이다. 그래서 더 큰, 혹은 다양한 경험을 쌓게 되면 여러 사례들이 나에게 경험과 경력으로 쌓이면서 전문성으로 이어질 수가 있다. 때문에 이는 객관적으로도 설득력을 얻을 수 있어 답변으로 잘 활용하곤 했다.

　나는 인사/교육 업무를 하면서 이 회사에서 했던 교육, 저 회사에서 했던 교육은 대상, 내용, 주제 등이 달랐기 때문에 다양한 경험을 쌓을 수 있었고, 이직하는 과정에서도 여러 경험을 쌓고 싶었던 목표는 흔들리지 않았으며 지금도 변함이 없다는 식으로 자기소개서나 면접에서 어필했었다. 회사 입장에서도 이직이 많은 것은 단점이겠지만, 그만큼 여러 회사에서 다양한 케이스를 축적한 사람이니 채용해서 어떤 업무를 주더라도 쉽게 적응하겠다고 생각한다. 또 새로운 업무에 새로운 시각으로 의견을 내줄 사람이 되겠구나 등의 긍정적인 면으로 봐주는 분들도 있었다.

즉, 이직할 때 A 직무를 했다가 B 직무를 했다가 다시 A 직무를 하는 이런 중구난방 식의 경력은 좋지 않다. 만약 이미 그동안 이직하면서 직무 변동이 있었던 사람이라면 그 자체를 거짓말할 수는 없으니 여러 직무를 해 보니 진짜 내가 원하는 직무가 무엇인지 더 명확해졌고, 그를 보완하기 위해 회사 내에서 다른 직무를 맡으면서도 외부 교육이나 스터디를 통해서 그 직무에 대한 관심과 사례들을 계속 축적해 오는 데 노력했다는 지표를 만들고 보여 줘야 한다. 아니면 다른 직무에 일하면서도 협업을 통해 내가 희망하는 그 부서의 일을 일정 부분 도와준 사례나 그 부서와 업무 수행 방식이라도 비슷하게 겹쳤다는 식으로 어떻게든 연결 고리를 만들어 봐야 한다. 그렇게라도 해서 결국에는 하나의 직무 목표를 위한 일관된 과정이었음을 소명하면 좋다.

마지막으로 노파심에 몇 자 남겨 보자면, 그 일관된 흐름이 '연봉' 때문이라고 말하는 것은 추천하지 않는다. 이직하면서 연봉을 높여가는 것은 아주 자연스러운 것이고, 뭐라고 할 사람도 없다. 하지만 이직하는 이유에서 그 일관성을 군이 연봉으로 드러낼 필요 또한 없다. 이직 사유를 솔직하게 간단히 밝히는 정도가 아니라 일관적으로 너무 드러내는 것은 마치 그것만이 이유인 것처럼 과하게 비칠 수 있기에 좋지 않다는 뜻이다. 왜냐하면 '외적인 조건'에 의해서 또 얼마든지 다른 회사로 갈 수 있는 사람일 것이라는 선입견을 심어줄 수 있기 때문이다. 나의 직무 목표나 방향은 내적인 조건인 반면 '연봉'은 외적인 조건에 해당된다. 좀 더 직접적이고 단편적인 요인에 의해서 흔들릴 수 있는 가치이기에 외적인 조건을 너무 내세울 필요는 없는 것이다. 또한, 연봉은 내 업무 성과에 따라 따라오는 결과이지 본인이 희망한 대로 알아서 딱딱 맞춰지는 것이 아니다. 내가 결과를 내기 전부터 먼저 연봉만 내세울 경우 회사 입장에서는 자칫 거부감이 생길 수도 있다는 것을 명심하자.

잦은 이직은 피하되 잦은 이직을 할 수밖에 없는 환경에 놓였다면 '일관성'을 어필하고, 그 일관성은 '내적인 직무 목표와 방향성'으로 초점을 잡아라. 현명한 이직 횟수 관리와 전략을 세울 줄 아는 이직러들이 되기를 바란다.

전반전

1

헤드헌터 채널 활용하기 Ⅰ

이직 방법으로는 크게 헤드헌터, 이직 관련 플랫폼, 공개 채용, 지인 추천 이렇게 4가지로 정리해 볼 수 있다. 어느 방법이 더 일반적이고 어느 방법이 더 확률이 높다고는 딱 잘라 말할 수 없다. 하지만 경험상 헤드헌터 채널을 활용하면 더 쉽고 빠르게 이직에 성공할 수 있다. 내가 혼자 검색해서 나오는 경력직 공고 외에, 이직 시장엔 겉으로는 드러나지 않는 공고들이 정말 많다. 이렇게 겉으로 드러나지 않은 공고들을 찾아주는 것이 헤드헌터인데, 이 넓은 영역을 제쳐두고 이직을 준비한다면 그만큼 확률이 떨어진다.

내가 이직을 준비하면서 주변 사람들에게 많이 들었던 말이 있다.

"넌 어떻게 그렇게 헤드헌터한테 연락이 자주 오니?"였다. 실제로 3~4년 차에 첫 이직을 결심했던 2019년부터 이 글을 쓰고 있는 현재까지도 헤드헌터에게 많을 때는 일주일에 1~2번씩 꾸준히 메일로든, 문자로든, 전화로든 제안이 오곤 한다. 하지만 전혀 부러워할 필요는 없다. 내가 잘난 사람이라서? 전혀 아니다. 명문대 출신도 아니고, 어학 성적이 뛰어난 것도 아니고, 평가를 기가 막히게 잘 받아 왔던 사원도 아닌 그저 평범한 회사원이었다.

▲ 헤드헌터들로부터 받은 경력직 이직 제안 메일

2021년 5월 17일 월요일

안녕하세요. Minuk님. 헤드헌터 OOO입니다. Minuk님께 적합한 포지션이 있어 JD 보내 드렸습니다. 검토 후 이력서 회신해 주시면 빠른 추천 도와드리겠습니다. 감사합니다. :)

오후 3:00

▲ 헤드헌터들로부터 받은 경력직 이직 제안 문자

그럼 어떻게 이렇게 꾸준히, 자주 헤드헌터에게 연락이 오는지 말해 보겠다. 내가 '귀찮음'만 좀 감수하면 되는 간단한 방법이다. 핵심은 여기저기 나를 셀링할 수 있는, 나를 홍보할 수 있는 접촉면을 넓히는 것이다. 물론 근본적으로 이력서, 경력기술서, 자기소개서를 잘 쓰는 것도 중요하지만 가장 우선은 나를 여러 채널에 알려 둬야 한다. 그것만 해도 8할은 한 것이나 다름없다. 아무리 좋은 상품도 시장에 나오지 않으면 사장되는 것과 같다고 볼 수 있다.

헤드헌터들이 나를 찾는 채널은 다양하다. 사람인, 잡코리아와 같은 잡 포털 채널도 있고, 각 서치펌에서 갖고 있는 자체 데이터도 있고, 명함 앱으로 유명한 리멤버, 소셜 네트워크 링크드인 등 여러 루트가 존재한다. 이런 것들을 최소한 회원 가입 정도는 해 둔 뒤 정보 공개를 해 놓아야 한다. 그래야만 헤드헌터에게 나를 홍보할 수 있다. 이번 주제에서는 그 접촉면을 어떻게 넓힐 수 있는지 가장 기본이라고 할 수 있는 사람인, 잡코리아를 활용하는 방법에 대해 이야기해 보겠다.

사람인, 잡코리아를 통해 헤드헌터에게 나를 알려라

– 이력서 등록하기

헤드헌터들이 보편적으로 이용하는 채널인 사람인, 잡코리아에는 기본적으로 내 이력서 등록을 해 놓아야 한다. 아직까지는 헤드헌터들의 유입이 가장 많은 곳이고, 이직 준비하는 사람들이 채용 공고를 찾듯이 헤드헌터들도 후보자를 찾기 위한 통로로 활용하고 있다. 헤드헌터들에게 써칭할 수 있는 일정 비용을 받고(월 ○○건 열람 가능 등의 유료 이용권 개념) 매칭시켜 주고 있는 플랫폼이 바로 사람인, 잡코리아다. 그러니 여러 회사들의 공고가 올라오는 사이트로만 알고 있지 말고 꼭 본인의 이력서를 등록해 놓길 바란다.

여기서 약간의 팁은 이력서를 등록해 놓고 '공개 설정'을 해 놓아야 한다는 점이다. 가급적이면 나의 기본 정보들도 다 보이게끔 해 놓아야 언제든 메일이나 문자로 연락 온다. 이런 기본 정보를 다 비공개로 해 놓으면 헤드헌터 입장에서는 이직 의사가 확실하게 있는지 없는지 알 수 없기 때문에 정보가 공개 설정으로 되어 있는 구직자에게 먼저 제안할 수밖에 없다. 그리고 내 정보를 괜히 공개 설정해 두었다가 현재 재직 중인 회사에 노출되면 어쩌나 걱정할 수도 있는데, 특정 기업에는 내 이력서가 보이지 않게 하는 기능도 있으니 중용해서 잘 활용해 보자.

▲ 사람인 등록 화면. 로그인한 다음 이력서 관리 메뉴를 클릭하면 기본 이력서를 손쉽게 작성해서 저장해 둘 수 있다. 가급적이면 이력서 항목은 풍부한 게 좋으니 채울 수 있는 한 최대한 항목을 채워서 나를 홍보하자.

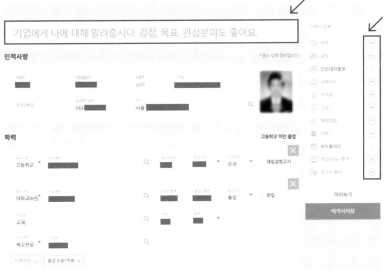

▲ 잡코리아 등록 화면. 잡코리아도 사람인과 비슷하다. 이력서 관리 메뉴를 클릭하면 기본 이력서를 등록해 놓을 수 있다.

또한, 나를 설명할 수 있는 한 줄 문구를 이력서 제목처럼 설정해 놓을 수가 있는데, 평범하게 "OO 경력 OO 차, OO 이직 희망" 이런 무미건조한 말보다는 "OOO 전공자, 대기업 OOO 실무 경험, OOO 자격 보유" 등 나를 확실하게 드러낼 수 있는 강점이나 특이 사항을 적어 놓으면 홍보 효과가 더 좋다. 헤드헌터들도 수많은 후보자 중에서 일단 눈이 가는 제목을 보고 클릭하기 때문에 나의 이력서가 눈에 띄도록 정보들을 잘 등록해 보자.

– 단 3초면 헤드헌터에게 나를 알릴 수 있다?!

사람인과 잡코리아의 유용한 기능 중 하나가 단 3초면 헤드헌터에게 나를 알릴 수 있는 입사 지원/즉시 지원 버튼이다. 이 버튼만 누르면 내가 저장해 둔 기본 이력서가 단 3초 만에 전달된다. 내가 관심 있는 직무로 검색한 뒤에 헤드헌팅 공고만 따로 볼 수 있는 탭을 누른 다음, 마지막에 지원 메뉴를 클릭하기만 하면 된다.

▲ 사람인을 통해 등록한 이력서로 간단하게 헤드헌팅 공고 지원하기

▲ 잡코리아를 통해 등록한 이력서로 간단하게 헤드헌팅 공고 지원하기

    이렇게 내가 먼저 헤드헌터들이 올려놓은 공고에 지원하다 보면 운이 좋으면 바로 연락이 올 수도 있고, 혹은 헤드헌터가 오퍼를 주지 않더라도 장기적으로 그 헤드헌터에게 나의 데이터를 제공하는 셈이 되기 때문에 나를 알릴 수 있는 쉬운 방법으로는 제격이다.

헤드헌터 채널 활용하기 Ⅱ

헤드헌터를 어디까지 믿어야 할까

헤드헌터를 통해서 입사하게 되면 내가 일일이 회사와 연락을 주고 받지 않아도 되고, 헤드헌터에게 전문적인 조언도 듣고 채용과 관련된 동향도 함께 살필 수 있어서 좋다. 간혹 어떤 사람들은 사비를 들여 헤드헌터를 이용해야 되는 것 아닌가 하는 부담에 망설이기도 하는데, 그건 아니니 걱정 안 해도 된다. 내가 헤드헌터에게 비용을 지불하는 것이 아니라 그 비용은 내가 입사하게 될 회사에서 직접 헤드헌터에게 지급해 준다. 헤드헌터 비용은 회사와 헤드헌터가 계약한 수수료에 따라 지급된다고 하는데, 실제 내 연봉이 5천만 원이고 계약 수수료가

15%라고 하면 내 연봉의 15%, 즉 750만 원이 헤드헌터에게 지급되는 것이다. 그러니 적극적으로 활용할 필요가 있다. 다만 이 헤드헌터 채널을 활용할 때 주의해야 할 것이 있다. 바로 헤드헌터의 말을 곧이곧대로 다 믿어선 안 된다는 점이다.

– 여기가 대기업이라고요?

헤드헌터를 통해 공개되는 기업들은 처음부터 회사 정보가 100% 노출되진 않는다. '삼성전자 인사직무 경력 5년 차 모집'과 같이 기업명이 공개되지 않는다는 뜻이다. 기업에서 직접 공고를 올리는 게 아니고 의뢰받은 헤드헌터가 대신 올리는 내용이기 때문이다. 예를 들어 내 목표가 최소 중견 기업 이상인데, 공고 내용에 혹해서 헤드헌터에게 연락했지만 알고 보니 중견 기업에 훨씬 못 미치는 작은 기업이어서 실망하는 경우가 종종 생길 수 있다. 헤드헌터가 던진 낚시에 걸려서 내 정보만 제공해버린 셈이다.

우리가 생각하는 대기업은 공정거래위원회에서 발표하는 재계 순위에 포함된 대기업이거나, 매출과 종업원 수가 어느 정도 규모가 되거나 하는 사회적인 통념이 있는 반면에, 헤드헌터가 생각하는 대기업의 범위는 더 넓다고 보면 된다. 왜냐하면 헤드헌터가 대기업, 중견 기업을 연결해 주긴 하지만 더 많은 비율을 차지하는 건 개인 사업자들이기 때문이다. 더 많은 지원자를 모집하기 위해서, 때론 데이터를 축적하기 위해서 좀 더 포장할 수밖에 없어서 그렇다.

그래서 가급적이면 '업계 최고 기업, 인기 있는 기업, 유명 기업, 성장하고 있는 최고의 기업, 최고 대우 보장' 이런 문구로 올라온 공고는 대기업이 아닐 가능성이 높으니 대기업을 목표로 한다면 알아서 거르면 된다. 반대로 헤드헌터들도 진짜 대기업일 경우에는 '재계 ○○위 대기업, 초일류 ○○ 기업, 유명 ○○ 그룹사, 대기업 ○○ 그룹 계열사, 글로벌 ○○위 기업'과 같이 좀 더 강력하게, 좀 더 사실적인 문구를 적시한다. 그러니 너무 애매한 문구에 혹해서 덜컥 지원하는 것보다는 한 번쯤 뉘앙스를 따져 보는 것도 필요하다. 물론, 내 목표가 어디든 일단 지원하고 봐야 한다거나 규모가 상관없다면 일단 무조건 찔러보는 게 답일 수도 있지만 그런 경우를 제외하고는 꼭 미리 체크해 보자.

– 내가 단독 후보자가 아닐 수도 있다

헤드헌터를 통해 이야기가 잘되어 최종적으로 서류 접수까지 완료했다면 설렘이 시작된다. 이제 이 헤드헌터가 나에게만 집중해서 신경을 써 줄 것 같고, 나에게 유리하게끔 도움을 줄 것 같고, 인사 담당자도 잘 구슬려 줄 것 같고, 이직 성공이 보장될 것 같고 그렇다. 하지만 냉정하게 말해서 그럴 수도 있고 아닐 수도 있다. 나 하나만을 위해서 일하는 사람이 아니라는 얘기다.

헤드헌터들은 보통 한 개의 포지션에 여러 명의 복수 후보자를 동시에 추천해서 서류에 올리곤 한다. S 전자 A 직무 공고에 그 헤드헌터를 통해서 나만 추천된 것이 아니라, 나 말고 2~3명이 함께 추천될 수 있다는 뜻이다. 헤드헌터 입장에서는 누가 됐든 1명만 최종 합격시키면 수수료 수익이 생기는 구조이기 때문에 확률을 높이기 위해서라도 복수의 추천을 한다. 그러니 그 헤드헌터가 나만을 위해서 물심양면 다 알아서 챙겨줄 거라는 환상에서 조금은 벗어날 필요가 있다. 그래서 한편으로는 내가 얼마나 같이 신경 쓰고 노력하고, 헤드헌터와 합을 맞추며 조력하느냐가 중요하기도 하다.

– 그 기업, 알긴 아세요?

헤드헌터를 통한 이직의 가장 큰 장점은 내 정보력만으론 지원하기 어려운 기업을 헤드헌터와 함께라면 지원할 수 있다는 것이다. 헤드헌터에게 기업에 대한 정보를 많이 주워들을 수 있고, 채용 준비에 필요한 정보와 힌트를 제공해 주기 때문이다. 그런데 은근히 헤드헌터 중에는 이런 소통에 소극적인 헤드헌터도 많다. 그들도 사람이니 어쩔 수 없는 일이긴 하다.

내가 지원할 그 기업의 매출, 영업 이익, 종업원 수, 직급 구조, 대략적인 연봉 테이블, 그 포지션을 채용하려는 내부 이슈 등 이런 것들을 하나도 모르는 헤드헌터도 있다. 그러므로 헤드헌터라고 무조건 다 안다고 생각해선 안 된다. 그래서 스스로 이 헤드헌터와 함께해도 될지를 판가름하기 위해서라도 같이 그 기업 정보를 최대한 찾아봐야 한다. 그리고 이 헤드헌터가 제대로 알고 있는 게 맞는지, 내가 알고 있는 정보가 맞는지도 확인해 볼 겸 질문을 계속 던져 보자. 그래야만 이 헤드헌터가 신뢰할 만한지, 소통에 적극적인지 알 수 있을 것이다.

– 누가 봐도 안 좋은 회사인데

객관적으로 누가 봐도 안 좋은 회사인데, 본인 영업을 위해서 그 회사를 무리하게 포장하는 헤드헌터들도 종종 있다. 이미 언론에 공식적으로 기사화가 되었을 정도로 매각 이슈가 있었고, 고용 불안정으로 인한 구조 조정을 앞둔 그런 회사였음에도 크게 걱정하지 말라는 식으로 얼버무리면서 그래도 좋은 회사니까 지원해 보라고 집요하게 권유하는 헤드헌터를 겪은 적도 있었다.

내가 희망하는 기업이 아님에도 이런저런 명확하지 않은 이유를 들어가며 회유하는 인상을 주는 헤드헌터는 가급적 피하면 좋다. 헤드헌터에게 나는 그의 영업을 위한 하나의 수단일 수도 있다. 나의 커리어를 장기적으로 5년, 10년 옆에서 책임져 주는 사람이 아니다. 그러니 객관적으로 위험성이 있는 기업이라 판단된다면, 헤드헌터가 하는 감언이설에 넘어가지 말자. 믿을 만한 헤드헌터라면 그 기업의 위험성에 공감해 주면서 이해해 줄 것이다. 실제로 다음에 더 좋은 기업이 나타나면 그때 다시 연락을 드리겠다고 신중하게 대응하는 헤드헌터도 많이 만나 봤다.

믿을 만한 헤드헌터는 어떻게 활용해야 할까?

그럼 헤드헌터는 불신의 존재인가? 아니다. 위에 언급한 내용은 내가 주체가 되어 잘 판단해 보자는 주의 차원에서 이야기 한 것이고, 대부분의 헤드헌터들은 실력은 물론 믿을 만한 헤드헌터들이 더 많기 때문에 너무 걱정하지 말자.

– 불편해하지 말고 편하게 물어보자

이직을 위해서 내가 지원할 회사의 정보를 사전에 얻는 작업은 반드시 필요한 절차이자 과정이다. 이러한 정보를 얻기 위해 내가 물어보는 일련의 행위들은 전혀 불편한 일도 아니며 기본 예의만 지킨다면 결례도 아니다. 너무 의기소침하고 소심해진 나머지 해야 할 질문들이나 궁금한 것들을 물어보지 못해서 지원하는 과정에 어려움을 겪는 것보다 훨씬 낫다. 인사 담당자나 채용 담당자에게 직접 물어보기 어려운 것들을 한 다리 건너 헤드헌터를 통해서 물어본다고 생각하면 된다.

내가 지원할 그 포지션이 누군가 이탈을 해서 생긴 자리인지 사세 확장을 위해서 생긴 자리인지 인원을 채용하는 배경에 대해서도 알 수 있고, 그 회사 직급의 기본 연봉이 어느 정도인지를 미리 확인할 수도 있고, 최근 업계 이슈나 경영진들의 이슈 사항을 물어볼 수도 있다. 또한, 회사의 외적인 정보 외에도 내 경력기술서가 약하진 않은지, 보완점은 없는지, 이력 사항에 더 강조할 만한 사항은 없는지 등에 대해서도 부끄러워하지 말고 솔직하게 의견을 물어보자. 헤드헌터들은 수많은 성공 케이스를 갖고 있는 사람들이기 때문에 정확한 조언을 해 줄 수 있다. 믿고 도움을 청해볼 만한 것들은 불편해하지 말고 물어보도록 하자.

– 회사보단 개인을 보라

국내에 대형 서치펌들도 물론 있다. 큰 회사일수록 믿음이 가는 게 사실이지만 또 그렇다고 큰 회사 소속의 헤드헌터만을 찾고 작은 회사 소속의 헤드헌터는 불신할 필요는 전혀 없다. 오히려 개인의 역량이 뛰어난 헤드헌터들이 더 많다. 특히 내가 지원하려는 그 회사 출신의 임원/팀장급이 은퇴한 후에 헤드헌터를 하는 경우나, 오랜 실무 경험으로 그 업계의 상황을 잘 알고 있는 헤드헌터를 만나는 경우에는 어느 서치펌 소속인 것을 떠나 훨씬 더 좋은 정보력을 가지고 있어서 믿고 따라도 된다. 또 특정 업체에 합격 성사율이 높거나 전문 분야가 확실한 헤드헌터도 많기 때문에 헤드헌터 개인의 역량을 잘 따져 보는 것이 더 현명한 선택이다.

– 내가 원하는 근무 조건이 아니라면?

헤드헌터를 통해 온 제안이 내 마음에 안 들 수 있다. 회사가 마음에 안 들거나, 세부 직무가 마음에 안 들거나, 조건이 별로거나, 근무지가 내가 수용할 수 있는 위치가 아니거나 이유는 여러 가지일 수 있다. 설사 그렇더라도 헤드헌터의 연락을 무응답으로 무시해버리지 말고 정중하게 거절 의사를 밝히자. 예를 들면 나는 이렇게 거절 문구를 보내곤 했었다.

> 안녕하십니까. Minuk입니다. 부족한 저에게 좋은 제안을 주셔서 진심으로 감사드립니다. 제안 주신 회사가 너무도 좋고 훌륭한 회사임을 알고 있으나 현재 제가 재계 순위 30위권 이상 규모의 회사로 이직이 목표라 아쉽지만 고민 끝에 본 제안에는 응하지 않기로 마음을 정하였습니다. 양해 부탁드리며. 추후에 더 좋은 포지션이 생긴다면 또 연락을 주시면 감사하겠습니다. 부디 더 좋은 후보자분과 성사되시기를 바라고 늘 건강하시기 바랍니다. 감사합니다.

이 정도면 무난하면서도 매너 있는 거절이다. 좀 더 나아가, 나는 지원 의사가 없지만 내 주변에 이 포지션에 적합한 이직 의사가 있는 동료나 지인이 있다면 그 사람을 소개해 주는 것도 좋다. 이렇게 최소한의 예의를 차리는 이유는 헤드헌터 업계는 워낙 좁고, 헤드헌터끼리 협업해서 같이 후보자를 고르고 공유하는 경우도 많아서 데이터들이 돌고 돌게 되는데 군이 나를 블랙리스트 후보자라는 기록을 남겨서 좋을 것이 없기 때문이다. 반대로 내가 매너 있게 행동한다면 좋은 인상을 남겨서 당장 나에게 맞는 자리가 없더라도 나중에 다른 좋은 자리가 생겼을 때 역으로 제안을 받을 수도 있다. 실제로 그런 적이 있었다.

헤드헌터를 배려하지 않는 일방적인 행동은 No

최종 합격 이후에 입사 조건, 세부 조항, 채용 직급, 연봉 협상 등 아직 챙겨야 할 것들이 더 남아있고 그런 부분까지도 신경 써 주는 것이 헤드헌터의 역할이다. 그런데 최종 합격하고선 헤드헌터의 고마움은 모른 채 인사 담당자 연락처를 알아내서 내가 다이렉트로 직접 협상을 해 버리는 것은 헤드헌터에게 결례가 될 수도 있기에 조심해야 한다. 끝까지 나와 함께한 헤드헌터라면 파트너십을 발휘해서 나의 희망 조건을 헤드헌터를 통해 명백하게 밝히고 조정을 해 줄 수 있도록 믿고 위임할 줄도 알아야 한다. 헤드헌터들은 나보다 더 협상의 전문가들이다. 그리고 입사할 회사에서도 이러한 과정까지 다 포함해서 헤드헌터와 계약을 했기 때문에 돌발적으로 내가 나서서 곤란한 상황을 만들 필요는 없다. 꼭 필요하다면 헤드헌터에게 먼저 양해를 구하고 입사할 회사와 소통하면 된다.

또한, 내가 헤드헌터를 통해서 지원했는데 지원 과정 중에 회사 공식 채널에 공고가 올라오는 경우도 생긴다. 이럴 때 '헤드헌터를 통해서 내가 이미 지원은 했어도 혹시 모르니까 그 회사 사이트를 통해서 또 한 번 지원하는 게 낫나?'라고 생각할 수가 있는데 그러지 않아도 된다. 아니다, 그러지 않는 것이 맞다. 헤드헌터와의 관계를 깨는 불편한 상황을 초래할 필요도 없고, 인사팀의 채용 담당자 입장에서는 이 사람은 이미 헤드헌터를 통해서 지원했는데 중복 지원하는 것처럼 보여 헤드헌터, 나, 회사와의 관계가 불편하게 흘러갈 수도 있기 때문이다. 그렇기 때문에 헤드헌터를 통해 지원했지만, 후에 그 회사의 정식 공고가 또 올라온 상황이라면 헤드헌터를 믿고 원래의 계획대로 진행하면 된다.

이렇듯 헤드헌터를 나와 가까운 관계로, 또 신뢰의 관계로 만들어 이직에 잘 활용한다면 든든한 지원군이자 우군이 되어 틀림없이 도움을 줄 것이다. 그러니 꼭 해당 팁들을 명심하기를 바란다.

3

이직에 도움 되는 플랫폼

다음 중 내가 한 번이라도 들어 본 사이트/플랫폼은?

- □ 사람인
- □ 잡코리아
- □ 인크루트
- □ 커리어
- □ 잡플래닛
- □ 캐치
- □ 블라인드
- □ 비즈니스피플
- □ 링크드인
- □ 리멤버
- □ 원티드
- □ 피플앤잡
- □ 자소설닷컴

몇 개나 체크했는가? 7개 이상 체크했다면 이직 준비를 잘하고 있다고 봐도 좋다. 이직을 위해서는 경력직 공고가 올라오는 여러 플랫폼을 총망라하여 수시로 드나들고 모니터링하는 것이 중요하다. 큰 사이트 몇 개에 의존하는 사람과 복수의 여러 개 플랫폼을 활용하는 사람은 기회를 얻을 수 있는 확률 자체가 다르다. 회사마다 공고를 올리는 플랫폼이 다르고, 회사 규모나 특성에 따라서 선호하는 플랫폼이 다르기 때문이다. 이직을 준비한다면 최대한 여러 플랫폼을 알아 둬서 나쁠 것이 없다. 위 리스트에 나열한 곳들은 나름 큰 곳들만 모아 놓은 것이고, 더 많고 다양한 플랫폼이 있을 것이다. 본인이 발견한 곳들이 있다면 역시나 리스트업해 놓고 수시로 확인하기를 바란다. 자, 그럼 주요한 몇 군데를 기준으로 이직하는 데 어떻게 활용하면 좋은지 조금 더 자세하게 알아보도록 하자.

국내 최대 서치펌에서 운영하는 이직 플랫폼, 비즈니스피플

우리가 흔히 알고 있는 사람인, 잡코리아 같은 대형 잡 포털 사이트 외에도 국내에는 다양한 플랫폼이 많다. '비즈니스피플'은 우리나라에서 가장 큰 헤드헌팅 업체이자 서치펌 중 한 곳인 '커리어케어'라는 곳에서 만든 이직 플랫폼이다. 비즈니스 피플은 헤드헌터 유입이 많은 편이기도 하고, 특히 신입 공고들과 경력직 공고들이 뒤섞인 다른 사이트들과 달리 경력직 공고들만 잘 정리되어 있어 공고를 검색하는 데 쓸데없는 시간을 낭비하지 하지 않게 해 준다.

그리고 비즈니스피플에서 내가 가장 만족하며 사용했던 '메일링 서비스'는 상당히 신뢰도 있는 내용으로 내 관심 직무나 분야를 설정해 두면 맞춤 채용 정보를 추천해 준다. 다른 채용 포털 사이트에 올라오지 않는 기업의 자체 공고들도 기가 막히게 찾아내 제공하기 때문에 내가 놓치고 있었던 양질의 공고들을 빠르게 확인할 수 있다. 만약 공고가 많이 뜨지 않는 직무라면 100% 매칭되지 않을 수도 있지만, 유사 직무를 포함해서 추천해 주기 때문에 꾸준히 습관처럼 메일링 서비스를 받다 보면 언젠간 적합한 공고들이 나에게 추천되는 순간을 맛보게 될 것이다.

▲ 비즈니스피플 맞춤형 채용 정보

리멤버 앱의 커리어 메뉴 활용

국민 명함 앱으로 유명한 리멤버, 직장인이라면 한 번쯤 들어보았을 것이다. 그런데 이 리멤버 앱을 단순히 사람들 명함만 저장하고 관리하는 수단으로 사용하고 있다면 당신은 50%밖에 활용을 못 하고 있는 것이다. 명함 말고도 리멤버 앱에는 나를 알릴 수 있는 루트가 있고, 또 기업들의 채용 공고를 확인할 수 있어 이직 시 활용해 보면 좋다.

방법은 바로 앱 하단에 있는 '커리어'라는 메뉴를 활용하는 것이다. 리멤버는 헤드헌터들도 많이 활용하지만, 최근에는 일반 기업들의 인사 담당자들도 많이 활용하고 있다. 실제로 나는 리멤버를 통해서 헤드헌터가 아니라 그 기업의 채용 담당자에게 직접 이직 제안을 받은 적도 있었다. 리멤버도 다른 플랫폼들과 비슷하게 나의 이력 사항, 경력 사항을 입력해 두면 내가 노출되는 원리다. 한 가지 다른 점은 정보를 먼저 다 공개하는 것이 아닌, 채용 제안을 받게 되면 제안 내용을 먼저 확인한 후 수락 여부에 따라 내 정보가 오픈되는 방식이라서 정보에 민감한 사람들도 보다 편하게 이용할 수 있다는 장점이 있다.

▲ 리멤버 앱의 커리어 메뉴

SNS처럼 나를 알리는 링크드인

링크드인은 구인 구직과 일반 SNS의 기능이 공존하는 사이트로, 해외 사이트이기 때문에 국내 인맥은 물론이고 마음만 먹으면 해외 인맥까지도 네트워킹이 가능하다는 장점이 있다. 일반적인 SNS보다 내 프로필을 촘촘하게 설정할 수 있기 때문에 희망 직무에 맞춰 내 경력 사항을 잘 기재해 두는 것이 우선이라 할 수 있겠다. 그리고 1촌 신청이라는 서비스가 있는데, 관심을 기다리기보다는 내가 먼저 관심 있는 사람에게 1촌 신청을 보내면서 좀 더 적극적인 이직 활동을 할 수 있다.

또한 링크드인을 이직 창구로 활용하기 위해서는 내 이야기를 포스팅할 때 단순히 일상만 올리기보다 특정 분야의 정보나 의견, 자신이 속한 직무나 산업 트렌드 등을 주기적으로 올려 나를 브랜딩하는 게 중요하다. 운이 좋으면 온라인을 넘어서 오프라인에서도 내 영역이 넓어져 인맥을 늘려갈 수 있고, 그 인맥은 곧 헤드헌터, 회사 인사 담당자, 업계 유력한 실무자 등 여러 사람에게 자연스럽게 나를 알리면서 다른

▲ 링크드인

기회를 받을 수 있는 확률을 만들어 줄 것이다. 특히 외국계 회사들은 링크드인을 통한 채용도 활발하게 하는 추세이기 때문에 관심 있는 사람이라면 한번 사용해 보길 추천한다.

서치펌 인재 데이터베이스 활용

우리나라에는 정말 많은 서치펌이 있다. 서치펌이 상대적으로 설립하는 데 진입 장벽이 낮아서 수많은 업체들이 우후죽순 생겨나는 이유도 있고, 헤드헌터들은 어디에 소속되어 있기보다는 개인 사업자로 일하는 경우가 많기 때문이기도 하다. 이러한 서치펌들 중에서도 나에게 맞는, 내가 속한 산업군의 공고가 많은 곳을 몇 군데 선정해서 내 정보를 등록해 두는 것도 좋은 방법이다. 대표적인 대형 서치펌으로는 커리어케어, 맨쉬컨설팅, 유니코써치, 엔터웨이파트너스, HR코리아, 프로매치코리아 정도가 있다. 참고가 되었으면 한다.

직무 관련 커뮤니티 사이트

본인이 이직하려는 직무와 관련된 커뮤니티(네이버 카페, 밴드 등) 사이트가 있다면 한두 개 정도 가입해 보는 것을 추천한다. 그리고 커뮤니티에 공고가 따로 자주 올라오기도 하니 꼭 주기적으로 접속해서 살펴보자. 내가 이직할 당시엔 'HR 인사쟁이 카페', '글로벌 HR', 'HRD를 실행하는 사람들' 등의 카페가 활성화되어 있었는데, 채용 공고만 따로 올라오는 게시판이 있어서 즐겨찾기를 해 두고 수시로 봤던 기억이 있다.

이러한 커뮤니티 사이트는 해당 직무와 관련 있는 공고들만 올라오기 때문에 나와 관련된 직무 공고를 일일이 필터를 걸어서 찾아야 하는 수고도 덜고, 해당 직무의 실무자가 직접 사람을 찾는다는 캐주얼한 공고가 올라오기도 하므로 유용하다.

귀찮을 정도로 찾고 또 찾자

그 밖에도 피플앤잡, 원티드 같은 플랫폼이나 인크루트, 커리어 같은 중소 채용 포털 사이트, 특정 산업군에만 특화된 채용 사이트 등도 최근에 많아지는 추세다. 새로운 플랫폼들이 보일 때마다 놓치지 말고 내 정보를 등록하고 나를 소개해 둔다면 나의 이직 확률은 더 높아질 것이다. 최대한 많은 플랫폼을 알아 두고, 혹여나 놓친 공고는 없는지 부지런히 찾아봐야 한다. 처음에는 귀찮을 수 있지만 공들여서 하나 잘 만들어 놓는다면 내용만 바꿔서 활용할 수 있고, 그다음부터는 주기적인 관리와 업데이트를 통해서 보완만 해 나가면 되기 때문에 이 정도 노력과 수고는 꼭 투자해 보기를 바란다.

4

공개 채용

신입 공채와 같은 듯 다른 과정

신입 사원 때는 거의 대다수가 공개 채용을 통해 입사한다. 경력직도
이러한 방식의 모집이 존재한다. 헤드헌터를 통해 나오는 공고를 히든
공고라고 한다면, 이러한 방식의 공고는 오픈 공고라고 부른다. 오픈
공고는 신입 사원 때 겪은 신입 공채 과정과 비슷해서 익숙하다고 느
낄 수 있다. 다만 오픈 공고는 대기업을 중심으로 주로 상반기 3~4월,
하반기 9~10월에 공고가 몰리고, 그 골든타임에 올인해야 하는 신입
공채 사이클과는 조금 다르다. 물론 아직 일부 대기업에서는 신입 공채
와 마찬가지로 경력직 채용도 계열사별로 동시에 공고를 띄우고 한 번

에 모집하는 형태도 있다. 하지만 최근에는 거의 사라졌고, 수시 채용이 대다수다. 그렇기 때문에 신입 공채 때와는 달리 내가 수시로 공고를 찾아 웹서핑을 게을리하지 않으면 안 된다.

나는 이직하기로 마음먹은 이후 하루에 한 번은 무조건 최소 30분씩 채용 포털에 들어가서 공고 찾아보는 것을 습관화했다. 검색 키워드에 내 직무를 넣어 보기도 하고, 유사한 직무를 넣어 보기도 하면서 채용 정보를 놓쳐 서류를 써 보지도 못하는 우를 범하지 않도록 많이 노력했다. 사람인, 잡코리아, 인크루트, 커리어 이 4개 사이트는 필수적으로 자주 들어가 보기를 권장한다. 공고에 따라서 이 사이트에는 떴는데 저 사이트에는 없는 경우도 있고, 어디에만 공고가 단독으로 뜨는 경우도 있기 때문에 한 곳보단 여러 곳을 골고루 접속해 보는 것을 추천한다. 또한 최근에는 전통적인 잡 포털 사이트 외에 진학사가 운영하는 '캐치'라는 플랫폼에서도 공고를 같이 확인할 수 있는데, 캐치에서는 잡플래닛처럼 기업 재직자들이 자기 회사에 대한 정보를 올려놓은 것을 같이 볼 수 있어 유용하며, 자소설닷컴, 원티드 등 채널에도 경력직 공고들이 줄곧 올라오므로 역시나 꾸준히 모니터링해야 한다.

경력직 이직 준비는 신입과는 다르게 모집 공고만 제때 잘 찾아도 절반 이상은 성공한 것이다. 경력직 공고 자체야 넘쳐나지만 내 희망 직무의 공고가 뜬다는 건 흔치 않은 일이고, 내가 일일이 노력해서 찾지 않으면 안 되기 때문이다. 그리고 요즘 대부분 기업에서는 신입 채용

시 인적성 검사를 보고 있는데, 경력직 채용은 간단한 인성 검사 정도만 보는 곳이 많다. 이렇듯 신입 채용과는 다르게 경력직 채용은 서류 합격만 하면 사실상 면접까지는 큰 절차 없이 진행되는 곳이 많으니 귀한 공고 하나만 잘 찾아도 많은 발걸음을 옮긴 셈이나 다름없다.

기업 정보를 찾기 위해 내가 더 노력해야 한다

경력직 오픈 공고는 헤드헌터가 일일이 기업 정보를 알려주고 팁을 주지 않기 때문에 내가 스스로 기업 정보를 찾기 위해서 더 열심히 노력하고 준비하는 것이 중요하다. 기업 분석 방법까지는 여기서 장황하게 서술하진 않겠지만 기본적으로 금융 감독원 전자 공시 자료를 확인

▲ 금융 감독원 전자 공시 시스템 DART

해 보거나, 현직자들 커뮤니티에 가입해서 최근 이슈를 알아보거나, 구글링을 통해서 관련 정보를 검색해 보거나, 어디 외부 교육에서 명함만 주고받은 사이라도 관련 업계 사람이라면 물어물어 팁을 얻고 하는 정도의 노력이라면 충분하리라 생각한다.

몇 자 더 보태자면, 금융 감독원 전자·공시 자료에 검색되지 않는 비상장 회사나 규모가 작은 회사는 일정 비용을 내면 신용 평가사들이 분석한 자료를 열람할 수 있으니 정말 알고 싶은 기업 정보가 있다면 한 번쯤 자료를 구매해 보는 것도 좋다. 나도 실제로 신용 평가사들이 분석한 자료를 구매해 보고 이 회사가 안정적인 회사인가를 판가름할 때 많은 도움이 되었다. 그리고 구글링으로 회사 정보를 검색해 볼 때는 그 회사에서 천편일률적으로 홍보 보도 자료 찍어내듯 나오는 기사보다는 경제 전문지나 대형 언론사의 산업 기자들이 작성한 기사를 찾아보는 것이 더 좋다. 나는 머니투데이에서 운영하는 '더벨'이라는 전문지 기사들을 많이 애용했다. 회사와 관련된 쏠쏠한 정보, 회사 경영 상태나 이슈가 잘 정리되어 있다. 만약 내가 가고 싶은 회사가 'LG이노텍'이라면 '더벨 LG이노텍'이라고 검색해 보고, 가고 싶은 회사가 '삼성생명'이라면 '더벨 삼성생명' 이런 식으로 검색을 해 보면 양질의 기사들이 나오니 참고하길 바란다.

🔔 더벨   2021.11.29

[더벨]LG이노텍, '매출 70%' 광학솔루션 승진잔치

해당 부서의 존재감은 향후 더 커질 전망이다. LG이노텍은 지난달 광학솔루션 사업부 추가 투자를 예고하며 성장세를 유지하겠다는 의지를 드러냈다. 연초 예고했던 광학솔루션 사업부 설비 투자 금액 규모를 기존...

🔔 더벨   2021.11.01

[더벨]LG이노텍, 설비투자액 더 늘린다...EBITDA 자신감

LG이노텍이 설비투자액을 당초 계획보다 3000억원 더 늘리기로 했다. 주요 고객사인 애플의 수요 증가 요청에 맞춰 생산역량을 강화하기 위해서다. 최근 현금창출력이 크게 개선되는 추세지만 차입금도...

🔔 더벨   2021.10.19

[더벨]LG이노텍, 애플 생산감축에도 경쟁사 부진 호재

반면 LG이노텍의 베트남 하이퐁 공장의 경우 타격을 덜 받았고 오히려 애플로부터 추가 물량을 배정받게 됐다. 애플은 부품 공급사를 선정할 때 까다로운 절차를 밟는 것으로 알려져 있다. 업체 접촉부터 시제품 수령...

🔔 더벨   2021.09.07

[더벨]LG이노텍, 이미지센서 주요조달처 삼성 대신 하이닉스로

LG이노텍의 주력제품 카메라모듈 원재료인 이미지센서(CIS) 주요 공급사가 삼성전자에서 SK하이닉스로 바뀌었다. 삼성전자는 지난해부터 LG이노텍의 이미지센서 주요 거래처로 이름을 올렸다가 1년 만에 SK하이닉스에...

🔔 더벨   2021.09.06

[더벨]LG이노텍, '아이폰13 임박' 재고자산 급증

LG이노텍의 재고자산이 역대 최고 수준으로 급증했다. 주요 거래처인 애플의 3분기 아이폰13 출시시기에 맞춰 스마트폰에 탑재되는 카메라모듈(광학솔루션) 생산량을 늘렸기 때문이다. 지난해 코로나19 여파로...

🔔 더벨   2021.08.31

[더벨]LG이노텍, LED 사업 매각 '부동산'은 제외

LG이노텍이 발광다이오드(LED) 사업부 매각계획을 변경해 토지, 건물 등 부동산은 팔지 않기로 했다. 이로 인해 2900억원의 부동산이 매물에서 빠지면서 3700억원이 넘던 매각예정자산은 647억원으로 대폭 줄었다. 30일...

▲ 더벨 LG이노텍 검색

인사 담당자를 통해 기업 문화 엿보기

채용 과정에서 인사 담당자의 태도로 그 기업의 문화나 업무 방식을 살짝 엿볼 수 있다. 가령 서류 접수를 하고 발표가 통상 1~2주 전에는 나야 하는데 3~4주, 심하면 한 달 가까이 아무 양해의 메일도 문자도 없이 발표가 안 나는 곳이라면 기본 비즈니스 매너가 잘 장착되어 있지 않은 조직이라고 의심해 볼 수 있다. 사정이 있을 수는 있겠지만 기본 비즈니스 매너가 있는 회사라면 사전에 한 번쯤 양해 안내를 하기 마련이다.

인사 담당자가 연락하는 시간대에서도 힌트를 얻어 볼 수 있다. 통상적인 퇴근 시간 18시 이후에 안내 문자가 오거나 연락이 오거나 한다면 야근이 있는 회사일 가능성이 높다. 나는 밤 8시, 9시에도 문자를 받아본 적이 있다. 그 회사는 실제로 기업 평가에서도 근무 강도가 세기로 유명했었다. 물론 유연 근무 제도, 회사마다 사정으로 늦은 시간에 연락하는 회사가 있을 수 있고, 또 그렇다고 반드시 야근이 있는 회사라고는 할 수 없지만 어느 정도 참고는 해 볼 수 있다.

또 한 가지는 면접관들의 태도다. 나를 경력직이라고 해서 너무 편하게 대하거나, 너무 무성의한 태도로 응대하거나 하는 등의 모습에서 그 회사에 입사하게 된 후 내가 받을 대우를 미루어 볼 수 있다. 또, 경력직 공고는 수시로 나고, 채용 인원도 많지 않기 때문에 면접관들이 귀찮아할 수도 있는데 이를 티를 내느냐 안 내느냐의 태도를 통해서 그 회사의 문화를 엿볼 수 있다.

5

직원 추천 제도

직원 추천 제도는 사내 공지를 띄워서 임직원 중에서 잘 알고 있는 우수한 지인이 있다면 추천받아 직원을 채용하는 방식이다. 이렇게 해서 좋은 인재가 영입되면 추천자와 뽑힌 사람 모두에게 약간의 인센티브를 부여해 주기도 한다. 회사 입장에서는 채용 과정의 수고와 비용을 아낄 수 있어서 좋고, 채용된 사람은 회사 내에 든든한 지인이 있어 안정적으로 회사를 다닐 수 있으면서 동시에 멘토도 생겨 근무 만족도가 높다.

이 방법을 가장 마지막에 소개한 이유는 이 제도를 채택하고 있는 회사는 많지 않을뿐더러 이 경로는 내가 자발적으로 찾아보기에는 한계가 있기 때문이다. 평소에 지인을 잘 두었거나, 업계에 네트워크를 잘 형성해 놓은 사람들만이 추천 제의를 받을 수 있다. 그러니 이 방법은 덤으로 생각하자.

오해는 금물

그런데 지인 추천이 낙하산이라도 된 양 채용 과정이 더 수월하고 쉬울 것이라고 착각해선 안 된다. 혹시 '추천을 받았으니 나만 별도로 채용 과정을 거치고 경쟁자도 나 한 명뿐이니까 합격하겠지'라고 생각하는가? 현실은 절대 아니다. 오히려 더 까다로우면 까다로웠지 만만하게 봐서는 안 된다.

어디까지나 직원 추천은 참고만 할 뿐이지 채용 과정도 다른 지원자들과 같은 방식으로 보고 평가도 공평하게 한다. 아무리 지인에게 추천받았다고 하더라도 내가 그 직무에 적합하지 않거나 좋은 이미지를 보여주지 못한다면 당연히 탈락이다. 지인 추천이라면 오히려 인사 담당자나 면접관들이 더 큰 기대치를 갖고 바라볼 것이다. 그렇기에 더더욱 집중하고 정돈된 자세로 기대치를 뛰어넘을 만큼 나를 어필해야만 승산이 있다. 그리고 스스로 지원한 경우에는 떨어져도 나만 아쉬우면 그만이지만, 지인 추천으로 채용 절차를 밟아 나가다가 나에게 문제가 생겨 탈락하게 된다면 상대방에게도 영향이 갈 수 있기 때문에 나를 추천해 준 상대방의 입장이 곤란해지지 않게 더더욱 최선을 다해서 과정에 임해야만 한다.

지나칠 정도로 물어보자

직원 추천 제도를 통해서 경력 채용 과정에 임했을 때는 위에서 언급한 오해 요소만 갖고 있지 않다면 엄청난 메리트가 하나 있다. 바로 내 지인을 통해서 얼마든지 회사에 대한 소상한 이야기들을 사전에 물어볼 수 있다는 것이다.

경력직으로 이직하기 위해 관련된 정보를 찾는 데 고군분투하고 에너지를 쏟는 것이 얼마나 힘든 일인지 해 본 사람은 알 것이다. 찾아봐야 할 사이트도 많고 발품도 팔아야 하는데 여간 쉽지 않다. 그런데 직원 추천 제도는 나를 추천해 준 그 지인이 강력한 정보통이기에 그런 시간과 노력이 줄어들게 된다. 또, 외부에 떠다니는 정보들은 부정확하고 신뢰할 수 없는 것들도 있는 반면에 지인을 통해서 듣는 이야기는 확실하고 유용하다.

이때도 연봉, 복지 등 너무 외적인 요소에만 골몰해서 물어보지 말고 내가 실제로 맡게 될 업무 범위, 업무 분위기나 문화, 최근 회사의 방향성이나 이슈, 리더의 성향 등을 다각도로 균형 있게 물어보도록 하자. 외적인 요소에 의한 만족감보다는 내적인 요소들이 충족되었을 때 회사에 대한 만족도는 더 올라가기 마련이다. 그러니 집요하게 귀찮을 정도로 물어보도록 하자.

6

경력직 자기소개서
작성법

신입이든 경력직이든 입사 서류의 가장 기본이 되는 것이 자기소개서다. 그리고 경력직은 자기소개서뿐 아니라 경력기술서도 중요하다. 간혹 경력직은 자기소개서보단 경력기술서가 더 중요하다더라, 자기소개서는 안 본다더라 등의 이야기도 있는데 반은 맞고 반은 틀렸다. 일단 경력직 서류에서 가장 중요한 것이 경력기술서인 것은 분명하다. 경력기간 동안 내가 어떠한 업무들을 해 왔고, 어떠한 성과를 냈는지가 가장 우선이긴 하다. 하지만 자기소개서를 안 보는 것은 아니다. 정확히 말하면 '덜' 보는 것뿐이다. 이 '덜' 본다의 기준은 경력기술서에 비해서 덜 본다는 의미이기도 하고, 자기소개서가 중요한 비중을 차지하는 신입 채용에 비해서 덜 본다는 의미이기도 하다.

지원 동기 작성법

- 경력직 자기소개서는 지원 동기가 8할

경력직 자기소개서라면 조금 더 유념해서 써야 할 항목이 있다. 바로 '지원 동기'다. 신입 채용할 때, 자기소개서는 회사마다 세부적으로 다르기도 하고, 구체적으로 상황을 제시하고 거기에 대해서 서술하는 등 항목이 각양각색이다. 반면 내가 인사팀에 근무하면서 본 경력직 자기소개서는 상대적으로 매우 심플했다. 가장 기본적인 지원 동기, 업무상 강점, 성공 사례, 입사 후 포부 정도가 일반적이었다.

여러 지원자가 같은 직무에 지원하는 것이다 보니 자기소개서 내용이 대동소이한 경우가 많았고, 업무상 강점이나 성공 사례는 경력기술서에서 더 풍부하게 다루기 때문에 이런 것들을 다 빼고 나면 자기소개서에는 지원 동기 항목만 남는다. 그래서 지원 동기를 상대적으로 더 신경 써서 보고 평가를 하는 경향이 있다. 어떻게 보면 '이직 사유'에 해당되기도 하고, 회사 입장에서는 왜 지금 다니는 익숙한 환경을 버리고 우리 회사로 이직을 하려는 것일까에 대한 이유가 가장 궁금할 수밖에 없다. 따라서 지원 동기가 명확하지 않거나 설득력이 없다면 즉흥적인 이직으로 보일 수 있기에 좋은 평가를 받기 어렵다. 여기에 내가 실제로 써먹었던, 가장 무난하면서도 설득력 있는 지원 동기 작성하는 법을 조금 소개해 보겠다.

– 이직 사유는 내적 요인으로 작성하자

먼저, 이직 사유를 간단히 적으면서 출발하되 그 요인을 외적 요인, 회사 탓으로 돌리지 말고 나의 내적 요인으로 방향을 잡아보자. 현 회사에 불만이 있다는 뉘앙스를 풍기지 않도록 하는 것이 중요하고, 상사 탓, 동료 탓을 하지 않는 것도 중요하다. 연봉이나 복지, 보상, 평가에 대한 불만을 자기소개서에 언급하는 것은 별로 좋지 않다. 단편적인 이유로 보일 수 있어 무게감도 떨어지고, 똑같은 상황이 이 회사에서도 발생하면 다시 퇴사할 우려를 주는 요소로 비칠 수도 있다.

따라서 나의 직무 경험 확대를 위해서, 커리어를 키워 가기 위해서, 전문성을 더 쌓기 위해서 등의 개인적인 발전 욕구나 성장 욕구를 이직 사유로 드는 것이 좋다. 이직 후 자신의 직무에 몰입해서 성과를 내겠다는 의지를 보여 주는 자연스러운 그림이 되고, 또 실제로 경력직을 뽑는 이유가 이전 업무를 이어가면서 전문성을 쌓고 회사를 끌어줄 수 있는 역할을 기대하고 있기 때문에 이직 사유로 가장 적당하다.

– 내가 이 회사를 선택한 이유를 말하자

지원 동기를 쓰는 항목이기 때문에 이직 사유만 주야장천 쓸 수는 없다. 그다음에는 나의 직무 전문성을 실현하기 위해 이 회사를 선택한 이유를 말하는 흐름으로 연결 지으면 좋다.

먼저 그 회사의 규모를 한번 따져 보자. 지원하는 회사가 현재 재직 중인 회사보다 규모가 큰 회사라면 첫째, 지금보다 더 수준 높은 업무를 경험해 보면서 더 큰 기회를 얻고 싶다는 방식으로 접근해 보도록 하자. 마케팅 직무라면 더 큰 시장에서 더 많은 고객들을 대상으로 전략을 짤 수 있다는 점을 들 수 있고, 인사/교육 쪽이라면 더 많은 임직원을 대상으로 체계적인 제도들을 설계해 볼 수 있다는 점을 들 수 있다. 둘째, 세부 직무로 접근해 보자. 보통 규모가 작은 회사들은 A, B, C, D 업무를 혼자 일당백으로 다 하는 경우가 많다. 반면 규모가 큰 회사들은 세부적으로 업무가 나뉘어 있는데, 그 세부 직무 중 특정 직무를 좀 더 집중해서 수행해 보고 싶다고 해 보자. 그 특정 직무는 채용 공고에 힌트가 나와 있으니 잘 살펴보고 거기에 맞춰서 쓰면 된다. 반면 때에 따라서는 지금보다 더 규모가 작은 회사(또는 업계 순위가 더 낮은 회사)로 이직할 수도 있다. 이럴 때는 내가 좀 더 주인 의식을 갖고 얼마나 주도적으로 일하면서 역량 발휘를 할 수 있는지 말하고, 동료들과 나의 노하우를 나누면서 팀을 이끌어 가고 싶다는 식으로 접근하면 좋다.

이렇게 지원 동기에서부터 나는 준비가 되어 있다는 것을 어필하고, 이전 업무 경력을 살려 주도적으로 일할 수 있다는 것을 드러내는 것이 좋다. 경력직에서는 경력기술서만 중요하지 자기소개서는 안 중요하다는 것은 잘못된 생각이다. 신입 채용보다 덜 보는 것뿐이지 안 보는 것은 아니고, 특히 지원 동기는 경력직 자기소개서에서 중요한 항목이니 좀 더 각별히 신경 쓰는 것이 좋다.

입사 후 포부 작성법

– 추상적인 뜬구름은 이제 그만

경력직 자기소개서에서 지원 동기 다음으로 중요한 것이 바로 입사 후 포부다. 경력직으로 그 사람을 채용한 이유는 당장 업무에 활용하기 위함도 있지만, 잠깐 쓰고 말 인력이 아닌 오래오래 함께할 사람을 뽑기 위해서도 있다. 따라서 경력직은 지금 당장 나의 능력을 업무에 기여할 수 있다는 것뿐만 아니라 장기적으로 내가 이런 계획을 하고 있으니 나를 뽑아야 한다는 어필을 동시에 할 줄 알아야 한다.

신입 사원들이 입사 후 포부 작성할 때는 뜬구름도 나름 잘 포장하면 먹힐 때가 있다. 신입 사원들은 아직 업무 경험도 없고, 사회생활도 처음이기 때문에 인사 담당자들도 신입 사원의 입사 후 포부에서 엄청난 무언가를 바라진 않는다. 자신의 의지나 열정이 구체적으로 잘 표현되어 있기만 하다면 무난하게 통과시킬 수도 있다. 하지만 경력직은 앞서 서술했듯이 관점이 다르다. 절대 두루뭉술한 의지나 열정으로만 포장해서는 안 된다.

– 수치를 들어서 제시하라

입사 후 포부에서 내가 어떤 계획이 있고, 어떤 목표가 있다는 것을 뚜렷하게 보여주는 확실한 방법은 수치다. 사실 수치를 드는 방법은 비단 입사 후 포부뿐 아니라 경력기술서 작성과 면접 볼 때도 유용하지만 입사 후 포부에서는 좀 더 강력한 힘을 발휘할 수 있다. 예를 들어, '마케팅 전략을 발휘하여 고객 유입을 확실하게 높일 수 있도록 하겠다'와 'A라는 데이터 통계를 바탕으로 1년 내에 전년 대비 10% 신장한 목표치를 달성하고, 3년 후에는 시장 점유율 15%를 달성할 수 있도록 하겠다'는 벌써 다르다.

여기서 한발 더 나아가 그 수치를 그냥 내가 감으로 찍는 것이 아니라, 경력직답게 그 업계에서 근무한 경험을 바탕으로 시장에서 통용될 수 있는 범위에 맞게 작성한다면 흠잡을 데 없는 입사 후 포부가 될 것이다. 또한 그 회사의 보도 자료나 공시된 자료를 토대로 현재 수준을 명확하게 파악하고 수치를 보여준다면 인사 담당자들의 눈길을 사로잡을 수 있다. 영업직이나 마케팅이 아니더라도 내 직무에서 숫자와 연관 지을 수 있는 것들은 얼마든지 있다. 작은 것이라도 좋으니 수치를 들어서 한번 작성해 보기를 권한다.

- 시점을 나누어라

입사 후 포부 항목 글자 수가 500자 내외라면 5년 뒤, 10년 뒤 또는 단기 목표, 중장기 목표로 시점을 나눠서 작성해 보고, 500자~1,000자 분량이라면 3년, 5년, 10년으로 나눠서 작성해 보면 좋다.

3~5년 정도의 단기 목표를 작성할 때는 내가 지원한 그 직무에서 잘

할 수 있는 것 하나를 타깃으로 잡아 보자. 예를 들어, 인사 직무라면 인사 제도 기획을 잘할 수도 있고, 채용이나 인재 발굴에 역량을 갖고 있을 수도 있고, 평가나 보상에 경험이 많아 업무 처리가 빠를 수도 있을 것이다. 다른 직무도 마찬가지다. 내가 지원할 그 직무 내에서 세부 영역은 반드시 있기 마련이다. 여기서 중요한 포인트는 내가 '잘할 수 있는 것'이 핵심이다.

5~10년 정도의 장기 목표를 작성할 때는 내가 잘하는 것 외에 내가 '하고 싶은 것'을 적어 보면 딱 좋은 그림이 된다. 내가 잘할 수 있는 영역에서 성과를 내고 기반을 다진 다음 영역을 확장해서 성장하겠다는 의지를 보여 주는 흐름이다. 내가 잘하는 것도 없이, 성과도 없이 무엇을 해 보고 싶다는 포부만 밝히면 당연히 효과가 없을 것이다. 따라서 단기 목표에는 잘하는 것을 기반으로 먼저 업무 계획을 밝혀 주고, 그다음 단계적으로 성장하겠다는 모습을 보여주는 것이 좋다. 그리고 이렇게 장기 목표에서 앞으로 하고 싶은 일을 작성하면 금방 떠날 사람이 아닌 오래 우리 회사에서 일할 수 있는 사람이라는 신뢰를 심어주는 부수적인 효과도 있다.

– 관리자의 관점에서 생각해 보자

입사 후 포부를 작성할 때 그림이 잘 그려지지 않는다면 내가 부서장, 팀장이 된다면 무엇을 시도해 보고 싶을지 스스로 질문을 던져 보자. 평소에 내가 상사에게 느꼈던 점도 좋고, 상사의 이런 건 꼭 고쳤으면 싶은데 하는 것도 좋다. 입사 후 포부를 작성할 때 미래에 내가 맡게 될 역할까지 염두에 두고 관리자로서 조직 전체를 어떻게 신경 쓰고 관리해 나갈지까지 서술하면 더 좋으리라 생각한다. 예를 들면, 부서원들을 육성할 수 있는 코치의 역할, 전문성을 바탕으로 업무 매뉴얼을 표준화해 보는 것 등이 될 수 있겠다.

정리하면, 경력직은 신입 사원보다 입사 후 포부가 상대적으로 중요하다. 보다 현실적이고 구체적이어야 하고, 그 계획들이 시점별로 세분되어 있어야 한다. 향후에 관리자가 되었을 때를 그리면서 방향을 세워 간다면 완성도 있는 입사 후 포부 작성이 될 수 있으리라 생각한다. 그러니, 내 미래를 깊이 있게 고민해 보자.

7

합격의 열쇠 경력기술서
작성법

경력직 이직의 첫 단계는 서류 전형이고, 그 서류 전형에서 가장 큰 비중을 차지하는 것은 단연 경력기술서다. 경력기술서는 이직의 꽃이라고 할 수 있다. 쉽게 말해 경력직은 정량적인 스펙이나 정성껏 쓴 자기소개서보다 경력기술서가 훨씬 더 중요한 비중을 차지한다고 보면된다. 그렇기 때문에 경력기술서를 너무 안일하게 생각하고 고민 없이적어서는 절대 합격으로 이어질 수 없다. 그럼, 경력기술서를 잘 쓰기위해서 기억해야 할 몇 가지를 지금부터 소개해 보겠다.

공고 내용부터 다시 보자

제일 먼저 공고에 나와 있는 세부 자격 요건이나 우대 사항, 자격 사항 등을 다시 살펴보자. 경력기술서에 단순히 내가 해 왔던 경력을 줄줄이 다 쓰는 것이 아니라 어느 경험을 좀 더 부각할지, 어떤 것을 좀 더 강조할지 등을 파악하는 데 좋은 기준이 된다. 그리고 같은 분야의 공고라고 내용을 복사해서 붙여 넣기로 작성하지 말고, 내가 지원하는 그 기업에서 요구하는 것에 따라서 최소한 배치 순서라도 다르게 해서 지원하는 것이 합격 확률을 보다 높일 수 있는 지름길이다. 내가 일부만 참여한 일이거나 하다가 마무리를 다 짓지 못한 일이라도 공고에 나와 있는 항목과 일치하는 것이 있다면 일단 써야 한다.

업무를 세부적으로 나누어서 카테고리를 만들자

그다음으로는 내가 해 왔던 업무들을 살펴보자. 이때는 시간순으로 업무를 나열하기보다는 내가 그동안 했던 업무를 세부적으로 쪼개 보는 것이 더 효과적이다. 보통 경력기술서는 자유 양식이지만, 프로젝트나 업무 단위로 묶어서 내 경력을 정리해서 제시하는 것이 보는 사람도 더 직관적으로 검토하기에 용이하다. 예시로 설명해 보겠다.

시간 흐름 순으로 제시
2021년: 인사 OO 기획 프로젝트 참여, 채용 OO 프로세스 개선

2020년: 인사 OO 기획 프로젝트 참여, 평가 OO 프로세스 수립, 조직문화 개선 활동

2019년: 인사 OO 기획 프로젝트 참여, 채용 OO 프로세스 전년 대비 OO 신규 도입

세부적으로 업무 쪼개서 제시

[인사 OO 프로젝트 참여(2019.00 ~ 2021.00) / O년]

업무: OO 개선, OO 도출

[채용 OO 프로세스 개선(2021.02, 2019.00) / O개월]

업무: 전년 대비 OO 향상, OO 신규 도입

성과 평가 中 자기 평가 항목을 작성해 본다고 생각하자

간혹, 경력기술서에 써야 할 문장 표현이나 서술 방식 등을 어떤 식으로 써야 할지 감을 잡기 어려워하는 경우가 있다. 그럴 때는 연말이나 연초에 정기적으로 하는 성과 평가를 떠올려 보면 좋다. 요즘은 성과 평가할 때 부서장이 나를 일방적으로 평가하는 것이 아니라 자신의 업무에 대해서 스스로 평가하는 경우가 많다. 만약 자기 평가가 없다면 연초에 그해 업무 목표를 작성하는 KPI(성과 목표)를 떠올려 봐도 괜찮다. 그리고 주로 이런 평가를 할 때 자주 쓰이는 표현이나 서술 방식(예: OO 대비 OO 개선, OO 업무 향상, OO 신규 도입, OO 신규 발굴, OO 매뉴얼 수립, OO 독려, OO 지원, OO 증대)으로 작성해 보면 경

력기술서가 무난하게 잘 써질 것이다.

그리고 단순히 '저는 A, B, C, D 업무를 해 봤습니다'가 아닌 그 업무를 맡으면서 내가 낸 '성과'와 '실적'이 드러나도록 작성해야 한다. 그래서 성과 평가와 유사하다는 것이다. 우리가 성과 평가에서 더 좋은 평가를 받기 위해 "올해는 이런 일을 했습니다"라고 쓰기보다는 "이런 업무를 맡았고, 어떤 과정을 거쳐서 이런 성과를 내었습니다"라고 하는 것과 같은 이치다. 예시로 설명해 보겠다.

업무: 신입 사원 채용 기획 및 운영, 계층별 리더십 교육 체계 수립
성과: OO 프로세스 간소화로 인해 OO 우수 인재 모집, OO 교육 내용 신규 도입을 통해 현업의 OO 역량 향상 기여

이런 식으로 '업무'와 '성과'를 따로 떼어서 확실하게 보여 주면 두루 뭉술하게 섞어서 나열만 하는 것보다 훨씬 더 나를 성과 중심적인 사람으로 드러내기에 효과적이다. 여기서 조금 더 세부적으로 작성해 보고 싶다면, '기여도'나 '보완점' 정도의 항목을 추가해 보면 좋다.

숫자로 표현하라

업무도 세부적으로 나누고 성과 평가하듯 상세히 작성했는데 내용이 무미건조하거나, 추상적이거나, 특색 없어 보인다면 원인은 숫자가 빠

져있기 때문일 가능성이 높다. 그만큼 숫자로 업무를 표현한다는 것은 강력한 힘을 발휘한다.

내가 업무 목표를 달성했다면 목표 대비 얼마큼 초과 달성했는지, 고객 만족도를 높이는 데 기했다면 고객 만족도 점수를 얼마나 높였는지, 품질 향상을 위해 불량률을 줄였다면 몇 프로 줄였는지 등 자신의 업무에 따라서 업무 성과를 숫자로 연결하는 작업이 필요하다. 그런데 직무 특성상 업무 성과를 수치로 표현하기 어려운 경우도 있을 것이다. 이런 경우에는 전년 대비 어떤 것을 바꿨는지, 아니면 기존에 이런 문제가 있던 것을 내가 어떻게 바꿨는지 등의 패턴으로 작성해 보면 된다. 그냥 내가 이런 결과나 이런 업적을 냈다는 것보다 구체적이고 명확하기 때문에 더 신뢰감을 줄 수 있게 된다. 이렇게 수치로 표현이 가능한 것들은 숫자를 잘 활용해서 작성해 보고, 수치로 표현이 불가능한 것들은 비교할 수 있는 요소를 찾아 구체적이고 신뢰감을 줄 수 있는 경력기술서를 작성해 보자.

같이 한 업무라도, 끝까지 완수하지 못한 업무라도 일단 쓰자

내가 혼자 다 했던 업무가 아니니까 경력기술서에는 쓰면 안 되는 걸까? 나는 그래도 쓰라고 말하고 싶다. 다만 내가 혼자 한 업무가 아니라 업무 중 어떤 부분을 담당했고, 얼마나 참여를 했다는 식으로 사실대로 명시해 주면 된다. 즉, 내가 담당한 업무에서 이런 성과를 냈고, 이런 과정에서 얼마큼 참여해서 어떤 것을 기여했다고 작성하는 것이다. 내가 한 일이 0% 즉, 안 해 본 일을 만들어 내는 거짓말이 아닌 이상, 작성하는 것이 더 낫다는 것이 내 입장이다. 특히 그것이 자격 사항에 나와 있는 중요한 요건이라면 더더욱 고민할 필요가 없다.

끝까지 마무리하지 못한 일도 마찬가지다. 자격 사항과 연결 고리가 있다면 써야 옳다. 대신 여기서도 하지 않은 것을 했다는 것처럼 거짓말을 하라는 게 아니고, 있는 그대로 표현하면 된다. 만약에 내가 추진한 일이 어떤 이유로 중단되었거나 보류되었다면 'OO 업무 참여했지만 OO 사유로 인해 잠정 중단' 이런 식으로 쓰면 아예 안 쓰는 것보다 훨씬 현명한 방법이 될 수 있다. 또, 내가 이직 서류를 쓰고 있는 시점에 진행 중인 업무가 있다면 'OO 업무 수립 진행 중으로 금년도 말 사업 개발 완료 예상' 이런 식으로 써 주면 된다. '진행 중'이라는 표현을 사용해서 그래도 내가 이 업무를 해 보긴 했다는 것을 보여 주면서 자격 사항과 연결 고리를 만들어 보는 것이 좋다.

교육 사항도 경력에 녹이자

앞서 공고 자격 사항에 내 경력들을 하나씩 매칭해 보는 것이 중요하다고 언급한 바 있다. 그런데 아무리 연결 고리를 찾으려야 찾을 수 없을 수도 있다. 그럴 때는 관련 교육을 이수했던 내역이라도 한번 살펴보자. 해당 업무를 진행해 본 적은 없지만, 외부 교육 프로그램을 찾아

수강하면서 꾸준한 관심과 관련된 지식을 쌓아 왔기 때문에 어떤 업무가 주어지더라도 어렵지 않게 수행할 수 있다고 써 보는 것이다.

　물론 당연히 직접 업무를 수행했던 경험보다 효과는 미약하긴 하지만, 아예 아무것도 안 적는 것보다는 백번 낫다. 아직 관련된 교육을 들어본 적이 없다면 지금도 늦지 않았다. 꼭 오프라인에서 진행하는 세미나나 정식 교육들이 아니어도 요새는 온라인으로 들을 수 있는 교육들이 많고, 그런 교육 업체나 플랫폼도 넘쳐나기 때문에 찾아보면 언제든지 수강할 수 있다. 멀티 캠퍼스, 휴넷, 탈잉, 온오프믹스 등을 참고해 보자. 그리고 교육 수료 후 교육 내용을 증빙할 서류가 나오기 때문에 경력기술서에도 추가해 볼 수 있다. 실제로 나도 경력기술서에 교육 사항을 써 본 적이 있다. 그리고 면접에서 업무에 대한 관심, 주도적인 모습, 학습 의지 등을 높이 사서 좋은 평가를 받은 적도 여러 번 있다. 내가 회사를 통해 갔던 교육, 개인적으로 신청해서 수강한 교육 그리고 온라인 교육까지 관련 있는 내용이라면 얼마든지 추가해 보자.

경력기술서를 더 돋보이게 만들려면?

1. 포트폴리오를 만들어서 별첨으로 같이 제출을 하자

포트폴리오는 브랜드/디자인/광고/마케팅 관련된 직무에서는 필수적으로 요구되지만, 그 외 직무에서는 필수 사항이 아니다. 하지만 일반 직무에서도 포트폴리오를 만들어서 함께 제출 해도 전혀 과분하지 않다. 시각적 자료를 활용하고, 내가 직접 수행했던 업무와 관련된 실제 사진을 다채롭게 보여줄 수 있다면 이력서는 훨씬 더 부각되어 보일 것이다.

2. 포트폴리오가 어렵다면 제안서도 고려해 보자

경력기술서와는 별개로 내가 지원할 회사에 내 직무와 관련된 내용으로 이런 것들을 시도해 보면 좋겠다. 이런 식으로 개선을 해 보면 좋겠다는 아이디어를 정리해서 제안서를 만들어 봐도 좋다. 상당히 적극적으로 보이고, 회사에 대해서 자연스럽게 분석도 들어가면서 내가 할 수 있는 능력을 구체적으로 표현할 수 있어서 일석이조다.

8

짧게 다닌 회사,
경력 사항에 적을까 말까

직장 생활을 하면서 최소한 한 회사에 n년은 다녀야 그래도 경력으로 인정해 준다더라 하는 이야기를 많이 들어보았을 것이다. 누군가는 1년이라고 말하기도 하고, 또 누군가는 3년이라고 말하기도 한다. 그리고 경력이 너무 짧아 간혹 이걸 이력서에 적어야 할지 말아야 할지 고민하는 사람들도 있다. 또, 이런 경우 말고도 내가 이직 이력이 너무 많아서 혹은 관련 없는 직무로 일했던 적이 있어서 이 이력을 경력 사항에 적을까 말까 고민하는 사례도 많이 보았다. 이번 주제에서는 내가 경험했던 내용을 바탕으로 이력서의 경력 사항에 대해 말해 보고자 한다.

짧게 다닌 경력 사항도 적어라

이력서에는 거짓이 없어야 한다. 그렇다면 안 했던 경력을 허위로 적은 것도 아니고 부풀린 것도 아닌데, 적지 않는 행위가 왜 거짓인가? 의문이 들 수 있다. 하지만 노무와 관련된 판례에 따르면 '경력의 고의 누락' 또한 허위 사실을 기재한 것에 해당된다는 결론이 난 적이 있다. 굳이 판례를 보지 않더라도 이력서에 특정한 경력 사항을 고의로 빼버린 것은 나를 있는 그대로 드러내지 않은 것이기에 거짓말을 한 것이나 다름없다.

인사 담당자가 이력서에 숨어 있는 정보들을 하나하나 추적하며 걸러내기란 쉽지 않다. 지원자가 작성한 이력서가 사실이라는 전제하에 믿고 검토하는 것이다. 그래서 한쪽이 작은 사실이라도 숨겼거나 거짓의 의도가 있다면 그 믿음에 큰 악영향을 미치게 되는 셈이 되고 만다. 가령, 인사 담당자 입장에서는 그 사람이 적지 않은 그 이력이 전 회사에서 큰 문제를 일으켜서 숨기려고 한 건지, 아니면 그냥 실수로 누락시킨 건지 알 수가 없기 때문이다. 고의든 실수든 그걸 확인할 길은, 특히 서류상에서는 없으니 말이다.

거짓말은 어차피 면접에서 들통난다

운 좋게 서류에서 거짓으로 작성한 이력서가 통과되어서 1차 합격을 했다고 하더라도 면접이라는 관문이 기다리고 있다. 밥 먹고 면접만 봐 온 베테랑 면접관들이 자주 하는 질문이 있다. 바로 공백기에 대한 질 문이다. 학력에 공백 기간이 있거나 경력에 공백 기간이 있으면 '반드 시' 물어보게 되어 있다. 거의 무조건이라고 봐도 좋다. 예를 들어, 어떤 의도가 되었든 10개월 정도 짧게 다닌 회사의 경력을 적지 않았다고 가정해 보자. 면접관은 분명 물어볼 것이다. "A 회사 퇴사 후 C 회사로 이직하기 전 10개월 정도가 공백 기간이 있는데 이 기간에는 무엇을 하셨나요?"

여기서도 거짓말을 할 것인가? 아니면 다른 말로 둘러댈 것인가? 그럼 이제 돌이킬 수 없는 명백한 거짓말을 해 버린 것이 된다. 기록에 남는 거짓말을 해 버린 것이고, 후에 거짓말이 들통나면 채용 취소까지될 수 있다. 그럼 반대로 내가 이런 이유로 적지 않았다고 사실대로 말을 한다고 해 보자. 처음부터 거짓말을 하지 않는 게 백번 나은 처사였겠지만, 또 거짓말을 하는 것보단 낫다. 하지만 서류에서부터 이 지원자가 투명하지 않다는 것을 인지해 버린 인사 담당자에게 좋은 인상을 심어 주는 데 마이너스가 될 것은 자명하다.

결론은 이러나저러나 어차피 면접에서 내가 숨긴 경력의 공백기에 대한 질문은 무조건 받게 되어 있으니 처음부터 숨길 필요가 없다는 것이다. 우리의 목표는 최종 합격이지 서류 합격이 아니다. 서류만 어떻게 일단 통과해 보려고 이력서를 '조작'해선 안 된다. 어리석은 짓이다. 또, 공백기는 최악이다. 신입이든 경력이든 신입이라면 졸업 후 공백기, 경력이라면 퇴사 후 공백기가 스펙이 안 좋은 것보다 훨씬 더 안 좋은 영향을 미칠 수 있다. 그렇기 때문에 군이 이력 사항을 누락시켜 버리면서까지 공백 기간을 만들 이유는 없다.

최종 합격하고도 찜찜하다

최종 합격을 했더라도 찜찜함은 남는다. 4대 보험 내역 때문이다. 4대 보험 내역은 언제든 관련 기관에서 조회가 가능하다는 것을 잊지 말자. 물론, 회사가 임의로 조회를 할 수는 없다. 하지만 사전 동의를 구한 뒤 확인할 수도 있고, 내역서 제출을 요구할 수도 있다. 입사 후 제출 서류에 건강보험 자격득실 확인서를 아예 요구하는 곳도 있다. 물론 내가 로그인해서 누락시키고자 하는 그 회사는 체크를 해제하고 출력할 수도 있긴 하다. 대신 똑같이 의문이 남는 것은 피할 수 없다. 정상적이라면 내가 누락시킨 이력 기간 동안은 '직장인 가입자'가 아니라 '지역 가입자'로 나와야 하는데, 이 부분이 아예 통으로 빠져있다면 의심을 살 수도 있다.

안 걸리면 된다? 맞다. 안 걸리면 된다. 부당 해고 관련된 법원의 판례들을 보면 입사 후에 3개월, 6개월 정도 일정 시점이 지난 다음에는 결격 사유를 발견했다 하더라도 회사가 그를 문제 삼아 마음대로 해고할 수가 없다고 한다. 충분히 사전에 발견할 수 있었음에도 성실히 노력하지 않은 회사의 책임도 있다는 해석이다. 다만 이직은 내 인생에 있어서 상당히 신중하게 임해야 하는 과정인데 나는 안 걸리겠지 하는 생각으로 위험한 외줄 타기를 하는 것보다는 단 1%라도 채용 과정에서 찜찜함을 남기지 않고 솔직히 임하는 것이 훨씬 더 바람직하다고 생각한다.

많은 사람들이 당장 눈앞의 서류 합격만을 보고, 이 정도로 큰 문제가 되겠어? 하는 생각으로 이력서에 허위 사실을 기재하는 경우가 종종 있다. 허위 사실이 들통나면 최악의 경우 취소 통보까지 받을 수 있으니, 이력서는 사실 그대로 솔직하게 작성하자.

후반전

1

면접 전 휴가는 어쩌지?

"서류 합격을 축하드립니다. 면접 일정을 잡으려고 하는데 참석 가능하신가요?"

두근두근 설레는 이 문자를 받은 당신. 그러나 머릿속엔 언제 어떻게 휴가를 쓰지 셈법이 복잡해지기 시작한다. 최근엔 눈치 보지 않고 휴가를 쓰는 회사들이 많아지고 있고, 심지어 부서장 결재 없이 그냥 내가 휴가 결재를 올리기만 하면 되는 곳들도 있다고 하는데, 그래도 동료와 상사들이 신경 안 쓰일 수는 없다.

나 이외에는 신경 쓰지 말자

신경이 쓰이는 가장 큰 이유는 아마도 '내가 면접 간 걸 들키면 어떡하지?'일 것이다. 괜히 소문날까도 싶고, 떨어지면 다시 이 회사에 남아야 하는데 낙인찍히는 건 아닌가 두렵기도 할 것이다. 하지만 면접을 앞두고 휴가를 써야 할 때는 그런 미래의 걱정보다는 지금 당장 면접을 앞둔 '나'만 생각하자. 휴가를 안 내고 면접을 볼 수 있는 방법은 없다. 그리고 면접을 안 보면 나의 이직 과정은 거기서 끝이다.

내가 이직을 위해 수많은 면접을 보러 다니면서 느꼈던 것은, 의외로 내 동료들과 상사들은 나에게 관심이 없다. 물론, 의심할 수는 있겠지만 순간이다. 하루 이틀만 지나도 내가 그날 휴가 썼었던 것조차 잊고, 다들 자기 일에 바쁘다. 그러니 마음을 편히 먹고 내 일정에, 내 면접에, 나에게 집중하면 그만이다.

1차 휴가는 사전에, 2차 휴가는 급작스럽게

보편적으로 최종 합격까지 두세 차례의 면접 관문이 기다리고 있다. 한 번은 실무자 면접, 또 한 번은 임원 면접이 보통이다. 즉, 이직에 성공하기까지 두 번 이상의 면접에 참석해야 하고 두 번 이상의 휴가를 내야 한다. 한 번 면접 보러 가는 것도 이렇게 신경 쓰이는데 두 번이나 내야 하다니. 그것도 연속으로. 대신 휴가를 두 번이나 연속으로 내면서 의심을 받는 것을 조금이라도 피해 보자.

1차 면접이 없으면 2차 면접도 없다. 1차 면접이 더 중요하다고 보기에 이때는 면접 날짜에 맞춰 여유 있게 휴가를 던져 놓자. 또, 확실하게 휴가가 확정되어야 마음 편히 면접 준비에 매진할 수 있기 때문에 미리미리 휴가 결재를 올려두는 것이 좋다. 그리고 1차 면접을 통과하고 2차 면접 때는 굳이 미리 휴가 결재를 올려서 의심을 사기보다는 직전에 임박해서 휴가를 내는 편이 더 좋다는 의견이다. 건강상 문제, 집안 사정, 관공서 업무 처리 등 타당한 이유를 덧붙이면 별다른 의심 없이 2차 면접을 보러 갈 수 있을 것이다.

오전 반차를 활용하자

연차가 어렵다면 반차도 있다. 회사마다 다르겠지만, 내가 면접 시간을 선택할 수 있는 경우라면 오전이 좀 더 낫다고 본다. 그 이유는 오전 동안 갑자기 회사에 급한 일이 생겨서 오후 면접 시간에 맞춰 못 갈 위험이 있고, 회사에 출근해서 다른 일에 몰두하다가 오후에 면접을 가게 되면 준비가 덜 된 상태로 면접에 임할 수도 있어서 되도록 오전에 면접 보는 것을 추천한다.

최악의 경우에는 빌고 빌어 보자

최악의 경우가 생길 수도 있다. 회사 측에서 정한 면접 일자에 내가 휴가를 도저히 낼 수 없는 상황을 마주했을 때다. 그럴 때는 내 상황을 잘 설명하고 면접 일자를 바꿔야 하는데, 2차 면접은 임원 면접이라서 쉽게 스케줄을 바꿀 수 없어 인사 담당자가 난감해하는 경우가 많다. 이런 최악의 경우에는 '퇴근 후 저녁' 또는 '주말' 면접이라도 요청해 봐야 한다.

실제로 나도 딱 한 번 L*계열사 면접을 보러 갈 때 인사 담당자가 퇴근 후 저녁 6시 30분으로 시간을 조정해 준 덕분에 퇴근하고 부랴부랴 택시 타고 가서 면접을 본 적도 있었다. 시간이 맞지 않다고 바로 면접을 포기하기보다는 할 수 있는 조율은 다 해 봐야 나도 미련이 덜 남는다. 이번 장에서는 정말 사소할 수 있는 부분이지만, 면접 전 휴가 내는 방법에 대해서 이야기해 보았다. 신경은 쓰이겠지만 너무 눈치 보지 않는 것이 가장 중요하다는 점. 명심하자.

2

면접의 기본 원칙 6가지

면접을 앞뒀거나, 평소 면접에 자신이 없거나, 면접을 한 번도 경험해 보지 못한 사람이라면 지금부터 알려 줄 이 6가지만 기억해 보자.

자기소개서와 경력기술서에 답이 있다

간혹 자기소개서와 경력기술서가 1차 서류 전형에 통과된 후에는 큰 비중이 없다고 생각하는 사람들이 종종 있다. 절대 그렇지 않다. 자기소개서와 경력기술서를 기반으로 2차 면접을 대비할 수 있다. 최근 면접 트렌드는 전공 지식을 집요하게 물어본다거나, 압박 면접을 통해 일부러 면접자를 곤경에 처할 만큼 난처한 상황을 만든다고 한다. 경력직 면접은 이보단 덜하겠지만, 면접의 근본은 변하지 않는다. 면접은 내가 서류로만 드러냈던 모습을 검증하는 과정이고, 나는 이런 사람이니 너희 회사에 적합하다, 나는 이런 경험을 해 봤으니 이 직무에 적합하다는 것을 증명하는 자리다. 따라서 자기소개서와 경력기술서를 10번이고 20번이고 계속 읽어보도록 하자. 면접장에는 서류를 가지고 들어갈 수 없으니 내가 어떤 말을 썼었는지를 잘 기억해 두고, 생뚱맞은 대답이 나오지 않도록 잘 준비해야 한다. 1차 서류 전형에서 제출했던 자기소개서와 경력기술서를 기반해 예상 질문과 답변을 잘 준비하면 좋은 점수를 받을 수 있을 것이다.

일관성 있게 말하자

면접장에서 말을 조금 더듬고, 목소리가 조금 떨리는 건 웬만하면 다 넘어가 주고 이해해 준다. 하지만 주의해야 할 것이 있다. 말을 할 때마다 말이 바뀌거나 질문에 맞지 않는 생뚱맞은 답을 하는 경우, 즉 일관성이 떨어진 답변은 면접에서 마이너스 요소다. 물론 언어적인 요소(말투, 억양, 목소리, 발음, 표정)도 중요하긴 하겠지만, 내가 얼마나 일관성 있게 말하고 있는지 먼저 체크하고 연습해 보는 것이 중요하다. 가령 질문 5가지를 받았는데, 긴장한 나머지 첫 번째 질문에서는 A라는 답변을 했다가 마지막 질문에서는 A라는 답변을 기억하지 못하고 생뚱맞은 B라는 답변을 하면 면접관은 갸우뚱하게 된다. 이런 답변은 면접관들에게 혼란을 주어서 이 사람은 어떤 점이 강점이고, 어떤 특징이 있는 사람이라는 것을 떠올리는 데 실패하게끔 만든다. 신뢰성에 의문을 품은 면접관은 그 사람에게 결코 좋은 점수를 줄 수 없을 것이다. 따라서 말을 잘하는 것보다 일관성 있는 흐름과 가치관을 보여 줄 수 있도록 말하는 연습을 하자.

마인드 컨트롤과 멘탈 관리 싸움

유난히 면접에서 더 많이 떨거나 긴장해서 실력 발휘를 제대로 못 하는 사람들이 있다. 이런 사람들은 다른 것보다도 스스로 마인드 컨트롤을 하고 멘탈 관리하는 훈련을 하는 것이 좋다. 실제로 나는 마인드 컨트롤할 때 "종이로 걸러진 사람들일 뿐이다"라는 주문을 외웠다. 애초에 말 잘하는 사람들끼리의 경쟁이 아니라 종이로 걸러진 사람들끼리 경쟁해서 면접까지 올라오기 때문에 말에 취약한 사람들은 당연히 있기 마련이다. 그러니까 괜히 주눅들 필요가 없다.

맺음말은 확실하게 시선은 인중으로

다음으로는 맺음말에 신경 써서 말하는 연습을 해 보자. 잘 말하다가 말끝을 흐리거나 제대로 말끝을 맺지 않으면 사람이 자신감 없어 보인다. 맺음말을 똑 부러지게 말하는 연습을 해 보면 같은 말이라도 좀 더 명료하고, 자신감 있고, 신뢰감 있게 들리게 될 것이다. 또한 많은 사람들이 면접에서 자주 하는 실수가 시선 처리인데, 시선이 어색하면 괜히 보는 사람까지 불안하게 만든다. 이때는 면접관의 눈을 똑바로 쳐다보지 말고 미간이나 인중, 이마 정도를 쳐다보면서 이야기를 이어 나가는 것이 좋다. 단, 너무 먼 산을 보는 느낌이 들지 않도록 연습하자. 그리고 1명의 면접관만 뚫어져라 응시하며 이야기하지 말고, 질문을 던진 면접관을 쳐다보며 말을 하되, 주변의 반응을 살피면서 시선을 옮겨가며 말을 하자. 또, PT 면접을 보는 경우도 있는데 서 있을 때 다리가 덜덜 떨린다면 다리 전체에 너무 힘을 주지 말고 양 엄지발가락 끝에 살짝 힘과 무게 중심을 두고 말해 보면 좋다.

암기하지 말자

면접을 대본까지 써 가면서 대사 암기하듯이 대비하는 사람들을 본 적이 있다. 물론 준비를 하나도 안 하는 것보단 낫겠지만, 앵무새 같은 대답은 면접에서 오히려 마이너스 요소다. 면접관들이 싫어하는 것 중 하나가 바로 외워온 듯한 기계적인 답변이기 때문이다. 내가 아무리 자연스럽게 말한다고 해도 달달 외워서 읽는 건 다 티가 나기 마련이다. 외운 답변을 읽기만 한다면 준비하지 못한 질문을 받았을 때 말문이 턱 막힐 수도 있고, 다음에 할 말을 생각하느라 표정에서 다 드러날 수도 있다. 그래서 나는 '키워드'만 외워 가고, 나머지 답변은 '이미지메이킹'으로 상상하는 연습을 해 보길 추천한다. 최소한 '내가 이건 꼭 말해야지' 하는 키워드 중심으로 흐름 정도만 머릿속에 입력하는 것이다. 그리고 자기소개서에 썼던 나의 사례나 경험들, 과정들을 눈을 딱 감으면 파노라마처럼 펼쳐질 수 있도록 연습하자. 그럼 훨씬 더 자연스럽고 생동감 있게 그리고 자신감 있게 말할 수 있을 것이다.

두괄식으로 말하자

최근엔 면접관들의 나이대가 젊어지긴 했지만, 그래도 변함없는 건 그들이 실무자, 관리자, 임원이라는 직책을 맡고 있다는 것이다. 즉, 여러 보고 사항을 전달받고, 의사 결정을 하는 것에 익숙하기 때문에, '결론부터' 혹은 '요점만 간단히' 듣는 것을 좋아한다. 바쁜 와중에 이야기를 중언부언 늘어놓아 한참을 들어야 하고, 결론 없이 미사여구만 늘어놓아 요점을 파악할 수 없는 대화를 딱 싫어한다. 그리고 면접관들의 성향을 차치하고도 면접은 짧은 시간에 효율적으로 최대한 많이 나를 드러내는 것이 중요하기 때문에 요점이 있으면서 확실하고 간결한 말이 귀에 더 잘 들어오고 기억에 오래 남기 마련이다. 따라서 짧은 시간에 효과적인 메시지를 전달하기 위해서 두괄식으로 말하는 연습을 해야 한다. 예를 들면, "네, 그 질문에 대한 답변으로 제 결론부터 말하자면 OOO입니다. 왜냐하면…" 이런 식으로 말하는 것도 하나의 방법이라고 할 수 있겠다. 질문에 대한 결론을 먼저 말해서 청자의 집중을 끌어내는 셈이다. 그러니 평소 두괄식으로 말하는 연습을 많이 해 둬서 면접 때 써먹어 보자.

면접 순발력 높이는 방법

즉흥 스피치 연습을 해 보자. 즉흥 스피치 연습은 예상하지 못한 질문에도 순발력 있게 답변할 수 있게 해 준다. 주로 아나운서 아카데미나 스피치 학원에서 쓰는 연습법이기도 한데, 일반 면접에서도 유용하게 써먹을 수 있는 스킬이다. 우선 친구나 지인에게 5개 정도의 연관성 없는 키워드를 종이에 적어서 달라고 하자. 그런 다음 30초~1분 정도 즉흥적으로 스피치를 해 보는 것이다. 아나운서나 전문적으로 말을 하는 직업에 도전하는 사람이라면 훨씬 더 정교하고 엄격하게 연습해야겠지만, 일반 면접에 대비하는 수준이라면 멋진 스토리가 구성되지 않아도 기승전결 구성만 갖춰서 말해도 훌륭하다. 주어진 키워드를 넣어 어떤 말이라도 짧은 순간 내에 대답하면서 이야기 흐름이 끊어지지 않게 말하는 연습을 해 본다면 순발력을 높이는 데 많은 도움이 될 수 있으니 참고해 보도록 하자.

3

경력직 면접 겁먹지 마라!
해 봤잖아?

경력직 면접, 상대적으로 신입 사원 면접보다 더 중요하다. 앞서 말했듯 신입 사원 면접은 인적성 검사와 여러 테스트를 거친 후 여러 번의 다양한 면접을 보게 되지만, 경력직 면접은 서류 합격 후 바로 면접으로 이어지고 면접도 보통 1~2번으로 끝나기 때문에 더 그렇다. 하지만 너무 겁먹고 긴장할 것 없다. 우리는 이미 면접 경험이 있으니까 그때의 기억을 되살려 보자. 이번 주제에서는 내가 느낀 경력직 면접 특징을 몇 자 적어 보고자 한다.

특이한 면접은 거의 없다

일단 경력직 면접은 신입 사원 면접처럼 토론 면접, PT 면접, 압박 면접, 산악 면접, 회식 면접 등 독특한 면접은 거의 없다고 봐도 무방하다. 이러한 다양한 면접과 이색 면접은 백지상태와 비슷한 신입 사원들을 평가할 요소가 부족하기 때문에 다양한 각도에서 여러 역량을 종합적으로 평가하기 위함이다. 반면 경력직 면접은 오로지 우리 회사에 '적합한 경력'인지와 문제없이 잘 적응할 수 있을지 '인성' 정도에서 당락이 정해지기 때문에 특이한 면접보다는 무난하게 치르는 면접이 대다수다. 여기서 말하는 무난한 형태의 면접이란, 1(면접자):多(면접관) 면접이나 1(면접자):1(면접관) 면접 방식을 말한다. 신입 사원처럼 지원자가 엄청 많아서 조 편성을 하고, 그룹으로 면접을 보는 형태는 드물다. 대부분 나 혼자 들어가서 오롯이 나 자체를 다 보여 주고 나와야 하기 때문에 더 열심히 면접을 준비하고 대비해야 한다.

경력직 면접은 나의 경력이 해당 포지션의 경력과 매칭이 잘 되는지를 따지는 자리지 면접을 잘 보는 사람을 뽑는 자리도 아니고, 경력이 무조건 화려한 사람만을 뽑는 자리도 아니라는 점을 기억하자. 따라서 거짓말을 할 필요도 없고 굳이 부풀릴 필요도 없다. 설사 떨어진다고 하더라도 면접을 못 봐서 혹은 경력이 형편없어서라기보다는 그 회사에서 원하는 경력과 일치하지 않았던 것뿐이니 너무 좌절하지 않아도 된다. 경력직 면접을 앞두고 있다면 공고를 다시 한번 찬찬히 보면서 요구되는 역량이나 세부 경력을 다시 정리해 보고, 내 경력을 잘 어필할 수 있도록 준비한 뒤 면접장에서 진솔하게 그 경력들을 증명해 가면 된다.

편안한 분위기

그동안 봤던 경력직 면접을 떠올려 보면, 신입 사원 때의 면접에 비해서 뭔가 면접 같지 않은 그냥 편한 대화를 나누는 형태의 면접을 보고 온 적이 많았다. 어떤 때는 회사 건물 1층 카페에서 커피를 마시면서 내가 지원한 부서 팀장님과 이야기를 나누며 면접을 봤던 적도 있었고, 또 어떤 때는 면접 장소라고 하기에는 조금 덜 격식 있는 장소, 사내 회의실이나 미팅룸에서 면접관과 마주 보고 앉아 이런저런 이야기를 편하게 나누었던 적도 있었다. 설사 면접장에서 면접을 보더라도 환경만 그러하지, 면접관들이 "편하게 말씀해 주세요" 하고 이런저런 이야기를 하며 먼저 분위기를 풀기 위해서 노력하는 경우도 상당히 많았다.

경력직 면접에서는 이 사람의 경력 사항이 우리 회사와 적합한지, 우리 회사에 잘 적응할 수 있을지를 보고자 하기 때문에 나를 가식적으로 포장할 필요도 없고, 화려한 자기소개, 면접 빈출 문제 암기를 할 필요도 없다. 그러니, 경력직 면접에서는 마음가짐을 편안히 하는 것부터 신경 쓰기를 바란다. 긴장하지 않고 편안한 분위기 속에서 화려한 답변은 아니지만, 내 분야에서만큼은 전문적인 답변을 차분히 말할 수 있도록 연습한다면 실제 면접장에 가서도 좋은 인상을 심어줄 수 있을 것이다.

4

다양한 방식의 면접 대비

경력직 면접에서는 1:1 또는 1:多 방식이 가장 보편적이긴 하다. 하지만 경우에 따라서 간혹 그룹 면접이나 PT 면접을 하게 되는 경우도 있다. 그렇기 때문에 아예 대비를 안 할 수는 없고, 그렇다고 또 준비를 하자니 일반적인 면접 형태가 아니라서 어떻게 준비해야 할지 막막하기만 하다. 그렇다면 그룹 면접과 PT 면접을 하나씩 살펴보자.

그룹 면접, 난 너희와 달라

2명 이상의 지원자가 한꺼번에 면접장에 들어가서 면접을 보는 형태를 그룹 면접이라고 부른다. 이 그룹 면접에서 가장 중요한 포인트는 나를 '차별화'하는 것이다. 경력직 면접에서는 사실 공고 자체에 명확하게 세부 채용 조건이 주어지기 때문에 신입 사원 면접에 비해서 그 세부적인 조건에 확실히 부합하는 사람들로 선정된다. 비슷한 직무 경력, 비슷한 직무 경험, 비슷한 연차, 즉 비슷한 능력치를 가진 사람들끼리 면접을 보게 된다는 뜻이다.

그래서 다른 지원자들과의 차별화 포인트를 순발력 있게 빨리 찾는 것이 중요하다. 만약 면접 방식이 그룹 면접이라는 것을 미리 알려 줬다면, 자기소개서나 경력기술서를 훑어보면서 내가 가장 성과를 잘 낸 것에 포커스를 맞추되, 그 외에 내가 업무하면서 겪었던 '독특한' 경험을 찾아서 어떤 과정에 어떤 기여를 했고 어떤 점을 배웠는지 생각을 정리해 보면 좋다. 반대로 면접 직전에 그룹 면접 방식이라고 알려 줬다면 차분하게 내가 준비한 답변을 잘 뱉는 것에 기본적으로 집중하되, 다른 지원자의 답변에도 귀를 기울여서 나와 똑같은 말을 하는 지원자가 있다면 순발력을 발휘해서 답변이 중복되지 않도록 해야 한다. 또, 다른 지원자들의 대답에서 힌트를 얻을 수도 있는데, 면접관이 던진 질문에 어떻게 답변해야 할지 모르겠다면 앞서 말한 지원자들의 답변을 참고해 나의 경력을 덧붙여 말하면 된다.

PT 면접은 말하기 테스트가 아니다

경력직 PT 면접에서는 대부분 말솜씨 자체를 테스트한다기보다는 본인의 의견을 얼마나 논리적으로 말하고 설득할 수 있는지, 기획안이나 보고서를 얼마나 잘 작성하고 전달할 수 있는지의 역량을 종합적으로 보기 위함이 더 크다. 먼저 기획안을 작성한다는 느낌으로 서론-본론-결론 3단계로 내가 발표할 내용을 구성해야 한다. 좀 더 구체적으로는 서론에는 배경, 목적, 현황(시장 현황, 통계 자료, 최근 기사, 트렌드 등), 본론에는 말하고자 하는 메시지를 담은 키워드를 크게 2~3가지로 정해 키워드에 따른 논거 제시, 결론에는 향후 기대 효과나 예상되는 문제에 대한 보완점 등을 제시해 마무리하면 된다. 평소 해당 직무 분야에 관심이 많은 사람이라면 면접 방식만 바뀌었을 뿐 알고 있는 내용에서 답변하며 술술 진행해 나가겠지만, 그렇지 않은 사람들은 가장 어려워하는 형태의 면접이다. 따라서 PT 면접이 있는 회사에 지원했다면, 내 경력 자체에만 신경 쓰기보다는 좀 더 시야를 넓혀서 준비하는 것이 좋다.

마지막으로, PT 면접에서는 이 상황이 면접이라기보다는 내가 이 회사에 이직해서 실무를 보고 있다는 생각으로 임하라는 말을 하고 싶다. 내가 낸 아이디어나 기획안이 통과되어야 하는 중요한 자리라고 생각하면서 면접관이 아닌 이 회사 의사 결정권자(팀장, 부서장, 임원)를 설득하겠다는 마음으로 준비해 보자.

5

경력직 면접 단골 질문 BEST

경력직 면접에서는 신입 사원 면접보다는 좀 더 고정된, 꼭 나오는 단골 질문이 있다. 자기소개서나 경력기술서를 바탕으로 한 질문은 기본이고, 경력직이라면 꼭 하는 질문이 회사마다 비슷했던 기억이 있다. 그렇다면 경력직 면접에서 자주 나오는 단골 질문에는 어떤 것들이 있는지 하나씩 소개해 볼까 한다.

이직 사유: 왜 이직하는 겁니까?

가장 먼저 간단한 자기소개를 한 후 받게 될 확률이 99%인 질문이다. 바로, 이직 사유다. 면접관들은 주로 "지금 다니는 곳도 좋은 곳인데, 왜 굳이 옮기려고 하는 건지 궁금하다"라고 말을 꺼내면서 솔직한 이직 사유를 말해 보라고 할 것이다. 왜 이 회사에 지원했는지 지원 동기와는 살짝 다른 느낌으로, 본인이 지금 회사를 옮기려고 결심한 이유를 말해 주면 된다. 단, 이때는 너무 꾸며내는 말, 누가 봐도 거짓말 같은 말보다는 진솔하게 이직 사유에 대해 이야기를 하는 것이 좋다.

① 직무 경험 확대: 더 큰 회사에서 다양한 케이스를 접하면서 직무 경험을 키워 가고 싶다.
② 현재 회사의 경영 악화: 지금 다니는 회사가 만년 적자로 경영 상황이 점점 너무 어려워지고 있다.
③ 연봉 인상: (너무 연봉 이야기를 앞세우지 말고) 내가 어떤 이유 때문에 경제적으로 더 안정된 환경이 필요했고, 내 가치를 더 알아주는 곳에서 합당한 보상과 동기 부여를 받으면서 일하고 싶다.
④ 원치 않는 발령: 나는 A 직무를 계속하고 싶었는데 현재 회사에서 B 직무로 발령이 나서 나는 좀 더 A 직무를 하고 싶은 마음에 or 지방/해외 발령에 대한 이슈 때문이다.

그 외 '이 정도면 이직을 고려할 만했겠다' 싶은, '같은 직장인으로서 면접관도 공감을 일으킬 수 있는 정도'면 다 괜찮다. 반대로, 피해야 할 답변도 있다. '조직 문화', '인간관계', '일' 관련된 이유로 이직을 결심했다는 것은 되도록 주의해서 답변해야 한다.

① 상사가 싫어서, 동료가 싫어서: 우리나라에서는 조직 문화 적응성, 특히 경력직은 이 사람이 우리 회사 조직에 적합한지, 잘 적응할 수 있을지를 상당히 중요하게 보는데 이전 회사에서 상사, 동료와 문제가 있었던 사람이 우리 회사에서는 잘 적응할 수 있을지 의구심을 들게 할 수 있다.

② 일이 안 맞아서: 세상에 일이 딱 맞아서 일하는 사람은 없다. 특히 경력직은 그 직무 경력을 기반으로 채용하는 자리이므로 일이 안 맞다고 말하는 것은 '그럼 왜 우리 회사에 지원한 걸까?'라는 인상을 주기 쉽다.

지원 동기: 왜 우리 회사입니까?

좀 더 정확하게는 업계에 수많은 회사 중에 '왜 우리 회사'를 선택했는지에 대한 질문도 고정 질문처럼 나온다. 막연하게 'ㅇㅇ한 업계가 좋아서, 아니면 ㅇㅇ 그룹의 가치나 비전이 좋아서'라는 답변을 원하는 것이 아니다. 그 업계에서 해당 회사가 갖는 위치나 업계 순위, 또는 그 그룹에서도 해당 계열사(부서)가 갖는 특성 등에 좀 더 주제를 좁혀서 접근하는 것이 매우 중요하다. 기본적으로 그 회사와 특별한 인연이 있거나 스토리가 있으면 가장 좋은데 대부분 그런 사례는 잘 없으므로 정보를 잘 조사해 가는 것이 필요하다. 참고로 나는 단순히 구글링을 하기보다는 경제지에 나온 해당 회사 이야기나 기업 분석 자료를 보곤 했다.

그다음에 그 회사가 업계 상위 회사인지 하위 회사인지를 따져 보자. 업계 상위 회사라면 대형사만이 가지고 있는 장점과 폭넓은 경험을 할 수 있다는 점을 부각시켜주면서 '최근에 추진하고 있는 사업이나 방향성이 마음에 들었다', '내 가치관과 맞았다'라고 말해 주면 좋고, 업계 하위 회사라면 '시장 점유율은 낮지만 어떤 특화된 분야나 사업 카테고리가 마음에 들었다', '특화된 영역에서 꾸준한 사업성이 있다는 잠재성을 보았다'를 언급하면서 그 부분을 집중적으로 부각시켜 보면 좋다.

업무 성과: 성공 사례 또는 실패 사례

이직 사유와 지원 동기 못지않게 자주 받는 질문이 지금까지 해 왔던 업무 중에서 가장 큰 성과를 낸 성공 사례나 반대로 실패 사례가 있는지다. 이런 질문을 받는다면 성공 사례의 경우 단순히 1등을 차지했다, 무슨 상을 탔다는 식으로 말하기보다는 구체적으로 내가 어떤 기여를 했고, 어떤 과정에 참여했는지 말하는 게 좋다. 또, 내가 기여했던 과정이 많은 것을 성공 사례로 잡는 것이 더 좋다. 겉보기에 좋은 사례를 말하는 것보다는 과정이 풍부해야 답변할 때 내가 이러한 부분까지 기여한 경험과 역량이 있다는 것을 어필할 수 있고, 나를 더 부각시키기에 좋다. 실제 그 성공 사례가 궁금한 게 아니라 그 성공을 이루기까지 본인이 한 역할이 궁금하고, 그 역할이 우리 회사의 업무에도 잘 맞을까를 보기 위한 질문이기 때문이다.

반대로 실패 사례의 경우는 이렇게 접근하면 쉽다. 실패 사례를 '극복 사례'라고 생각하는 것이다. 똑같이 실패했던 사례긴 하지만 그 실패로 내가 배운 점이나 실패를 경험 삼아 다음 업무에서는 더 좋은 결과를 만들어 냈던 때를 떠올려 말해 보자. 이 질문 역시 실패 그 자체에 대한 것이 궁금하기보다는 그런 실패를 해 봤으니 이런 것을 배웠겠구나, 이러한 역량을 키우며 더 단단해졌겠다는 것을 확인하며 괜찮은 사람인지를 보기 위함이기 때문이다.

떠보기: 또, 이직할 거 아니죠?

신입 사원이든 경력 사원이든 회사에서 개인에게 투입되는 비용이 업무 생산성으로 환원되기까지는 시간이 걸리기 마련인데 중도에 퇴사해 버리게 되면 그 피해는 고스란히 부담으로 다가온다. 특히 경력직을 채용할 때는 그 사람이 해 왔던 경험치를 기반으로 좀 더 빠르게 실전 업무에 투입시키겠다는 전제로 채용하는 것인데, 회사 입장에서는 이미 이직이라는 것을 시도해 본 사람이기 때문에 조금만 여의치 않으면 또 떠날 가능성이 있을 수 있다는 걱정을 하기 마련이다.

이러한 걱정을 불식시키기 위해서는 '입사 후 포부'를 '구체적'으로 말해야 한다. 목표가 뚜렷하고 이루고자 하는 바가 확실한 사람은 즉흥적으로 떠날 사람이 아니라는 인식을 심어주기에 좋기 때문이다. 단기적 목표나 장기적 목표 또는 3년 후나 5년 후로 카테고리를 나눠서 나의 직무 전문성을 쌓기 위해서 해 보고 싶은 것을 회사 내에서 이러한 인적 자원과 물적 자원을 활용하겠다고 엮어보기 바란다. 이때 또 한 가지 신경 써야 할 점은 서두에 밝혔던 '이직 사유'를 돌아보며, 그 이 직 사유가 또 생기더라도 이번에는 이렇게 극복해 보겠다는 포부도 함 께 밝혀주면 좋다.

이번 주제에서는 경력직 면접 단골 질문 4가지를 살펴보며 적절한 대 응법을 알아보았다. 반드시 나오는 질문은 미리 답변을 연습해 두면 면 접장에서 당황하지 않고, 자신감 있게 말할 수 있어 면접 성공률을 높일 수 있다. 면접은 짧은 시간 안에 나를 다 보여 줘야 하는 자리인 만큼, 다 른 사람이 아닌 내가 면접을 이끌어나갈 수 있게 잘 준비해 보자.

6

열정만으론 포장할 수 없는
경력직 면접

신입 사원 면접과 경력직 면접의 가장 큰 차이점은 무엇일까? 여러 가지가 있겠지만 열정이 얼마나 통하느냐의 정도라고 생각한다. 신입 사원 면접에서는 열정과 패기를 보여 주는 것이 통할 때도 있는 반면, 경력직 면접에서는 열정과 패기만으로 면접 관문을 뚫기에는 어려움이 있을 때가 있다. 그도 그럴 것이, 신입 사원은 내가 그동안 쌓아온 실무 경력이 없는 채로 지원하기 때문에 여러 가지 다른 요소로 나를 어필하면서 '열정'이 그중 한 가지로 들어갈 수 있지만, 경력직은 지금까지 쌓아 온 경력과 성과가 있는데, 열정만 강조하다가는 자칫 '속 빈 강정', '알맹이는 없는 사람'으로 비칠 우려가 있어 그렇다.

발로 뛰어본 사람보단 직무 전문성을 쌓기 위해 노력한 사람

"저는 발로 뛰면서 준비를 했습니다." 과거 모 은행에 지원한 어떤 사람이 전국의 은행 지점장 명함을 수집하고 인터뷰해 온 것을 최종 면접장에서 보여주자마자 바로 합격했다는 이야기가 퍼진 적이 있었다. 직접 내가 여기저기 회사 현장을 보고 왔고, 이런 개선점과 문제점을 발견했다고 말하면서 발로 뛰는 인재임을 어필하는 것이다. 정말 좋은 자세다. 나 또한 신입 사원 면접을 준비했을 때 많이 써 봤던 방법이기도 하고, 아직도 훌륭한 방법으로 면접에서 활용할 수 있다. 다만, 이 방법은 신입일 때뿐이다. 경력직에서도 물론 좋게 볼 수는 있겠지만 신입에서만큼 강력한 파워를 지니기는 어렵다.

저렇게 열정 많은 경력 사원보다는 이전 회사에서 좋은 성과를 많이 낸 '직무 전문가'가 훨씬 더 높은 점수를 받는다. 현장을 발로 뛸 시간에 지금 하고 있는 업무에 더 충실해서 좋은 성과를 내는데 몰두를 하는 것이 더 낫다고 보는 것이다. 따라서 경력직은 발로 뛰면서 노력했다는 것보다 직무 전문성을 위해, 즉 외부 교육을 수강해서 부족한 직무 지식을 보완했다거나 주기적으로 동종업계를 조사하면서 벤치마킹을 했다거나 평소 세미나에 자주 참석해서 업계 동향을 살피고 네트워크를 형성했다고 어필하는 것이 훨씬 더 효과적이다.

시키는 것은 뭐든 다 하겠다는 사람보단 솔루션을 줄 수 있는 사람

"시키는 것은 뭐든 다 할 수 있습니다." 신입 사원들이 주로 마지막 한마디나 자기소개할 때 큰 목소리로 당당하게 외치는 멘트다. 무슨 일이든 시켜만 주면 열심히 하겠다는 말은 신입 사원이라면 귀엽게 봐줄 수도 있고, 자신감 있어 보일 수도 있다. 하지만 경력직 면접에서는 오히려 갸우뚱할 수 있다.

'무엇이든 다 할 수 있다'라는 말속에는 사실 엄청난 추상성이 숨어있다. 신입이라면 실제로 어떤 일이든 작은 일부터 귀찮은 일, 단순한 일 모두 주어질 수 있지만, 경력 사원은 바로 실무에 투입될 인력으로 '무엇이든지'라는 추상적인 말은 자칫 전문 영역이나 역할이 없어 보여서 전문성이 떨어지는 인상을 심어줄 수 있고, '다 할 수 있다'는 경력직에서 필요 없는 말이다. 다 하는 게 중요한 것이 아니라 특정 업무에서 두각을 낼, 경력이 있는 직원을 뽑는 자리이기 때문이다. 따라서 경력직 면접은 보다 현실적인 관점에서 실제 회사 환경, 업무에 대한 이야기들이 내밀하게 오가는 자리임을 잊지 말자. 추상적인 의지보다는 나의 경험을 살려서 현재 회사의 이런 부분에 초점을 맞춰 해결책을 마련하고, 개선 방안을 수립하면서 이런 부분을 맡겨 주면 잘 해낼 수 있다는 식으로 말해야 한다.

일에만 몰두할 워커홀릭보다는 동료들의 정서도 고려할 줄 아는 사람

"일에만 몰두할 워커홀릭입니다." 신입 사원 면접에서 간혹 나는 일주일을 10일처럼 활용하면서 오직 취업만을 위해 달려왔고, 이런 스펙 저런 스펙을 쌓기 위해 한시도 쉬지 않고 노력했다고 말하는 지원자들을 볼 때가 있다. 신입 사원이라면 열정 넘쳐 보이고 파이팅 있어 보이겠지만, 경력 사원 면접에서는 역시나 불필요한 멘트가 될 수 있다.

최근 기업 문화는 일과 삶의 균형(work and life balance)을 강조하는 쪽으로 변화하고 있다. 특히 MZ 세대들이 사회로 나오면서 일과 삶의 균형을 중요하게 생각하는 사람들이 많아졌고, 이런 흐름에 회사들도 야근을 줄이고, 개인 생활을 존중하면서 자기 계발을 장려하는 분위기다. 이런 사회적 흐름에서 일에만 몰두할 워커홀릭은 요즘 시대 조직 문화에 맞지 않는다거나 동료 또는 후배들이 보기에 부담스러울 수도 있기에 주의하는 것이 좋다. 동료들의 정서를 고려하면서 조직 문화, 업무 문화에 잘 맞춰갈 수 있는 사람이 되겠다고 하는 편이 더 좋은 점수를 받을 테니 기억해 두자.

이처럼 경력직 면접에서 열정만으로 나의 부족함을 포장하려는 시도는 신입 사원 면접에서만큼의 효과를 발휘하지 못할 확률이 더 높기 때문에 면접 방향을 잡을 때 이번 주제 내용을 참고하면 도움이 되리라 생각한다. 다시 한번 강조하지만 열정도 나의 일에 대한 기본기, 직무 전문성이 우선적으로 갖추어졌을 때의 이야기지 무조건적인 열정만 드러내는 것은 그다지 큰 영향이 없다는 점을 기억했으면 한다.

7

면접의 마지막 질문 준비하기

신입 면접이든 경력 면접이든 면접 마지막에 고정 질문으로 반드시 면접관이 이런 질문을 던진다. '마지막으로 하고 싶은 말이 있느냐' 혹은 '우리 회사에 궁금한 점이 있느냐'라는 질문이다. 이런 상황을 대비해서 마지막 한마디도 미리 준비해 놓고 면접장에 들어가는 것이 현명하다.

이 마지막 한마디로 내가 어떤 질문을 하느냐에 따라서 좋은 인상을 남기고 면접을 마무리할 수도 있는 반면, 잘 마무리한 면접에 이상한 질문으로 찬물을 끼었을 수도 있으니 신경 써서 대비하는 것이 좋다. 그럼 실제로 면접장에서 어떤 질문을 마지막으로 하면 좋을지 소개해 보도록 하겠다.

회사의 방향과 같이하겠다

입사 후 '나'라는 개인이 아니라 조직의 목표에 맞춰서 회사 방향에 맞는 성과를 내기 위해 노력하겠다는 것을 넌지시 드러내는 질문은 아주 무난하면서도 좋은 방법이기에 추천한다. 만약에 면접을 보는 시기가 상반기라면, '작년도에 세운 올해 부서의 중점 추진 업무는 무엇입니까'라고 물어본다거나, 시기가 하반기라면 '올해 하반기의 조직 내 중점 추진 업무나 목표는 무엇입니까'라고 물어보는 것이다. 면접관 중에서는 내가 입사할 부서의 부서장이 반드시 참석하기 때문에 나의 질문에 어렵지 않게 답변을 해 줄 것이고, 나 역시도 그 답변을 듣고 그러한 목표에 맞춰가겠다는 간단한 추가 답변을 해 주면 딱 좋다.

팀원들과 함께 일할 준비가 되어 있다

1인 기업이 아닌 이상, 회사는 팀원들과 협력하고 성과를 위해 함께 나아갈 수밖에 없다. 따라서 나와 함께 할 조직 구성원들에 대해서도 깊은 관심을 갖고 서로 관계를 잘 만들어 가도록 준비를 하겠다는 뉘앙스를 주는 질문도 괜찮다. 예를 들면, '저와 함께하게 될 부서원들의 현재 직급 구성이 어떻게 되어 있는지 궁금하다'라거나, '저와 함께 할 부서원들의 연령대나 성별이 궁금하다'라는 질문을 던져 보는 것이다. 그리고 질문에 대한 답을 듣고 난 뒤에 그러한 조직 구성원들의 배경에 초점을 맞춰서 그들과 조직력을 잘 다져갈 수 있도록 미리 준비해

가겠다는 말을 살짝 덧붙이면 역시나 깔끔하게 마무리할 수 있다.

원하는 역량을 키워갈 맞춤형 인재가 되겠다

아예 대놓고 어떤 유형의 역량을 갖춘 인재를 선호하는지 물어보는 것도 좋은 전략이다. 회사마다 대표 인재상이 있지만, 조직마다 직무마다 특성에 맞게 핵심적으로 요구되는 인재상이 따로 있기 마련이다. '평소 부서장님이 혹은 부서에서 가장 선호하는 인재상은 무엇인지 알고 싶다' 정도로 물어보면 적당하다. 그리고 입사 후 그 인재상에 맞는 인재가 될 수 있도록 노력하겠다는 의지를 한번 보여 주는 답변으로 마무리하면 된다.

위의 세 가지의 방향 중에서 본인이 진짜 궁금한 것을 하나 골라 질문과 예상 답변을 잘 다듬어 보자. 이렇게 잘 준비한 마지막 질문으로 호감을 주면서 면접을 잘 마무리할 수 있다. 그렇다면 반대로 하지 말아야 할 질문은 무엇이 있을까. 첫 번째는 대놓고 집요하게 연봉을 물어보는 것이다. 연봉을 물었다는 자체가 마이너스라기보다는 시기적으로 연봉은 최종 합격 후 협상에 임해도 늦지 않기에 굳이 합격도 하기 전인데 성급한 인상을 남길 필요는 없다. 두 번째는 면접관이 그 자리에서 바로 답변하기 어려운 질문이나 당황스러운 질문을 던지는 것이다. 마지막 나의 한마디도 면접의 일부라는 점을 잊지 않으면서 끝까지 긴장을 늦추지 않고 좋은 인상을 남길 수 있도록 하자.

8

합격 발표 전 면접 결과가 궁금할 때

면접을 보고 나면 결과가 언제 나올지 참 많이들 궁금해한다. 그 기다리는 시간이 참 피 말리기도 하고, 긴장되기도 하고, 다른 일에 몰두가 안 되기도 할 것이다. 특히 경력직들은 다시 원래 다니던 회사로 돌아와 업무에 복귀해서 대기하는 그 시간이 더 초조하게 느껴질 것이다.

면접 결과 발표 시기는 회사마다 다르지만 통상 1~2주일 정도가 걸린다고 보면 된다. 면접을 나 혼자만 봤을 경우에는 그보다 빨리 결과가 나오기도 하지만 보통 여러 명이 면접을 보기 때문에 나 말고 다른 사람이 면접을 마칠 때까지의 기간이 일단 필요하다. 그리고 모든 지원자들이 면접을 마친 다음 면접관들의 채점 결과를 보고 점수를 취합

한다. 정량적 평가의 경우 면접 직후 점수를 부여하기 때문에 오래 걸리지 않지만, 정성적 평가는 점수 기준이 없어 다른 여러 요소들을 함께 검토하기 때문에 오랜 시간이 걸린다. 이렇게 정량적, 정성적 평가가 모두 끝난 후 결재권자의 최종 의사 결정을 받으면 그때 채용 담당자는 최종적으로 합격 여부를 알려 주게 된다.

면접 결과를 내가 먼저 문의해도 될까?

면접 결과가 너무 안 나온다고 생각이 드는 당신. 결국 인사팀에 문의 전화를 했다. 면접 결과 여부를 묻는 나의 전화를 받은 인사팀의 채용 담당자는 어떤 생각을 할까?

① 상당히 적극적인 지원자구나. 내 재량으로 가점을 더 줄 수 있도록 건의를 해 봐야겠다.

② 발표 날짜가 되면 결과를 말해 줄 텐데 뭘 굳이 전화까지 하는 건지 모르겠네. 불이익을 줘야겠다.

③ 아, 전화가 왔네. 결과가 궁금한가 보네.

정답은 ③번이다. 후술하겠지만 너무 과하거나 반복적이지만 않다면 사실, 결과를 문의하는 것 자체가 엄청나게 결례라서 불이익을 주거나 이미지를 안 좋게 하지는 않는다. 그렇다고 가점을 받을 정도의 칭찬받을 행동도 물론 아니다. 결론은 인사 담당자는 으레 겪는 일이기에 담담하게 생각하고 그냥 그 자체로 넘기지 엄청나게 큰 의미를 부여하지 않는다. 따라서 내가 너무 궁금하다거나 2주 정도의 시간이 지났음에도 결과가 안 나올 경우에는 혼자 끙끙 앓지 말고 연락해서 물어보자.

다만, 정중하게 그리고 횟수는 1번 정도가 적당하다고 본다. 전화한다고 해서 불이익은 없지만 그래도 내가 너무 무례하게 다짜고짜 묻기보다는 제가 이러이러한 사정으로 인해서 결과가 언제쯤 나올 수 있을지 알면 좋을 것 같아 연락을 드렸다 정도로 말을 해 보면 무난하다. 그리고 반복해서 물어보는 것도 너무 조급한 성격이거나, 업무를 할 때 상호 신뢰보다는 개인만 생각하는 타입일 것이라는 오해를 살 수 있기 때문에 담당자로부터 결과가 언제쯤 나올 예정이다는 답변을 들은 다음에는 차분히 기다리는 것이 바람직한 태도라고 할 수 있다.

이메일을 활용하자

직접 전화하는 게 꺼려진다면 이메일을 활용하는 것도 괜찮은 방법이다. 다만 이메일은 전화보다 즉시성이 떨어지고, 확인 후 답변을 늦게 주거나, 간혹 답변을 안 주는 상황이 생길 수도 있다. 하지만 전화로 문의해 재촉한다는 인상을 조금 감소시킬 수 있고, 글로 정리해서 문의하기 때문에 정중하게 예의를 갖췄다는 느낌을 줄 수 있어 전화보다는 상대적으로 안전한 문의 방법이라고 생각한다. 본인 상황에 따라 이메일을 적절히 활용해 보면 좋을 것이다.

한 달이 넘어도 아무 연락이 없다면

앞서 결과는 1~2주 정도 걸린다고 언급했는데, 이보다 조금 더 길어질 수도 있겠지만 한 달이 지나도 늦어지는 이유에 대해서 아무 연락이 없는 곳이라면 과감하게 내가 먼저 포기를 해 버려도 좋다는 말을 해 주고 싶다. 어차피 떨어졌으니까 단념하라는 뜻이 아니라, 내가 주도권을 갖고 '그런 회사는 붙어도 가지 말자'라고 결정을 해도 좋다는 뜻이다. 물론, 그 회사 사정이야 있을 수 있겠지만 그런 사정이 있으면 계속 기다릴 지원자를 배려해서라도 당사가 이러한 상황으로 결과 통보가 지연될 것 같다는 내용을 문자나 메일로 한번 공지를 해 주는 것이 맞다. 하지만 아무런 배려도 없이 한 달이 지나도 깜깜무소식인 곳은 열에 아홉은 일하는 방식이 매우 느리고, 의사 결정도 복잡하고, 기업 문화도 좋지 못할 곳일 가능성이 높다.

실제로 나는 아무 공지도, 연락도 없이 한 달 반 넘게 기다리게 한 곳에 먼저 전화해서 지원 의사를 포기하겠다고 밝힌 적이 있다. 후에 알아보니 퇴사자들이 많기로 악명이 높은 곳이고, 내가 지원한 그 자리에 누가 합격했다가 또 나갔는지 공고가 다시 올라오는 것을 보면서 포기하길 잘했다고 생각했다. 이런 곳은 과감히 포기해도 된다고 말하고 싶다. 이직이라는 것이 어디든 합격만 하면 되는 것이 아니라, 좋은 회사로 좋은 환경의 회사로 가야 성공인 것일 테니까.

연장전

1

평판 조회의 8부 능선을 넘어라

자, 이제 면접까지 통과했지만 경력직이라면 평판 조회라는 관문이 기다리고 있을 수 있으니 긴장을 늦춰선 안 된다. 평판 조회란 본인이 이력서나 경력기술서에 적은 사항들이 실제와 일치하는지 검토하는 과정이자 인격적 또는 성품에 문제가 없는지 확인하는 과정을 뜻한다. 보통 팀장급이나 임원급 이상의 직급에서만 평판 조회를 하는 것으로 알고 있지만, 최근에는 대리급, 과장급 경력직 채용에서도 종종 단계를 거치는 경우도 있다. 나 역시도 대리급 경력직이었음에도 평판 조회를 진행한 적이 있었다. 참고로 평판 조회는 최종 면접까지 합격한 후 연봉 협상 전 단계에서 진행하는 경우가 많다.

내 동의 없는 평판 조회는 없다

평판 조회를 처음 마주한 사람들은 덜컥 겁부터 먹는 경우가 있다. 뒷조사를 당한다는 기분에 유쾌할 사람은 아마 없을 것이다. 일단 아무리 내가 평소에 인간관계를 잘 쌓아 놓았다고 하더라도 상대방의 진짜 속마음은 알 수가 없고, 혹시라도 나에 대해 좋지 않은 말을 하면 어쩌지 하는 두려움이 몰려올 것이다. 인간관계가 좋지 않았던 사람들은 평소에 좀 잘해 둘걸 후회가 밀려오기도 하고, 대체 누구한테 하는 건지 알 수가 없으니 답답할 수도 있을 것이다. 하지만 내 동의 없이 하는 평판 조회는 없으니 조금은 안심을 해도 괜찮다.

평판 조회를 하기 전에 먼저 나에게 동의를 구하는 절차를 거친다. 그렇다면 평판 조회 동의를 안 해도 되느냐? 안 해도 되긴 하겠지만 합격에 좋은 영향을 줄 리가 없다. 평판 조회를 거절한다고 하면 이전 회사에서 무슨 문제가 있었던 사람인지, 사고를 친 적이 있는 사람인지, 허위 사실을 기입한 것인지 의심을 사기에 충분하여 오히려 마이너스 점수를 받을 것이다. 따라서 사실상 답이 정해져 있는 과정이긴 하지만 미리 동의를 구하고 진행하니 내가 대비도 못 하고 갑자기 역풍 맞을 일은 없다는 얘기다.

현 직장 사람들이 알게 되면 어쩌나

평판 조회를 동의했을 때 가장 먼저 드는 걱정이 있다면 아직 최종 합격 전인데 지금 회사 사람들이 알게 되면 어쩌지?일 것이다. 최종 합격을 하게 되면 그만이지만, 아주 만약에라도 최종 합격하지 못하고 떨어지게 된다면 내가 이직을 준비했다는 사실이 회사에 알려지게 되면서 이후 회사 생활의 어려움은 이만저만이 아닐 것이다.

평판 조회를 하는 인사 담당자들도 이 사실을 다 알고 있다. 그래서 현 직장 사람들에게는 평판 조회를 진행하지 않는 것이 관례다. 전 직장 사람들, 경력에 따라서는 전전 직장 사람들에게 평판 조회를 하는 것이 보편적이니 너무 큰 걱정은 하지 않아도 된다. 만약 내가 이직이 처음이라 현 직장 말고는 평판 조회를 할 사람이 없다고 할 때는 평판 조회를 하지 않는 쪽으로 의견을 조율해 보거나 아니면 최종 합격 이후에 참고용으로만 진행할 수 있는지, 대학 시절 지인으로 대체할 수 있는지 등으로 얼마든지 협의해 볼 수 있다.

지인의 사례를 보니 1~2명에게만 평판 조회하는 것으로 협의가 되어 정말 믿고 친했던 동료와 후배에게만 진행했던 것도 보았고, 현 직장밖에 평판 조회를 해 줄 사람이 없을 때는 현 직장에 다니다가 퇴사를 하고 지금은 다른 직장으로 떠난 사람을 통해서 진행한 경우도 보았다. 일반적으로 현 직장 사람들, 특히 현 직장에 알려지면 껄끄러

위질 수 있는 상사급에게는 내 평판 조회를 요청하지 않을 가능성이 99%니 마음을 조금 놓아도 된다. 평판 조회는 충분히 내가 조율할 수 있다.

대체 누구한테 전화할까?

평판 조회를 하는 방법에는 두 가지가 있다. 하나는 '오픈형', 하나는 '히든형'(블라인드형, 비공개형 등으로 부르기도 하나 히든형으로 이하 통일)이다. 오픈형은 평판 조회 담당자가 나에게 양식을 주고 여기에 평판 조회할 사람을 직접 작성해 달라고 하는 경우다. 즉, 내가 지정을 할 수 있다는 뜻이다. 양식에는 이름, 직급, 소속, 연락처 등 간단한 사항을 기입을 하게 되어 있고 3~5명 정도가 일반적이다. 내가 지정한 사람에게 연락하기 때문에 아무래도 조금 마음이 놓이는 것은 사실이다. 하지만 오픈형 평판 조회를 진행한다고 해서 "형식적인 거니까 알아서 잘 말해 줘"라고 해 두고 마음 놓고 있어선 안 된다. 내가 지정한 사람이니까 좋은 얘기만 해 줄 거라고 생각하면 오산이라는 이야기다. 평판 조회는 은근히 까다롭고 심층 면접 수준으로 10~15분간 전화하면서 이것저것 질문 공세를 쏟아붓고 때론 유도 신문도 한다. 좋은 마음으로 응했던 사람들도 쏟아지는 질문과 유도 신문에 말실수를 할 수도 있다. 실제로 평판 조회 전화를 받았던 직장 동료가 알려준 질문들은 다음과 같았는데, 다른 지인에게 물어봐도 질문의 유형은 대동소이했다.

1. 퇴직 사유를 알고 있나요?

2. 업무 시간 외 평소 행실이나 성격은 어떠한 가요?

3. 주변 사람들에게 어떻게 기억되는 사람인가요?

4. 응답자님 본인에게 후보자는 어떤 사람인가요?

5. 상사와의 관계는 어떠한 가요?

6. 성격상 장단점이 있다면 무엇인가요?

7. 업무상 장단점이 있다면 무엇인가요?

8. 어떤 스타일의 업무 방식을 지녔고 함께 일하면서 힘든 점은 없었나요?

9. 성희롱이나 윤리적인 면에 저촉될 만한 문제를 일으킨 적이 있나요?

반면, 히든형은 누가 내 평판 조회 전화를 받게 될지 모르는 상태에서 내가 재직했던 회사 사람들에게 무작위로 연락하는 것이다. 사전에 내가 먼저 전 직장 동료의 최소한의 정보를 평판 조회 담당자에게 제공하는데, 내가 제출한 그 사람에게 바로 평판 조회를 시행하는 것이 아니라 그 사람을 통해서 다른 동료들의 연락처를 추천받고 그중에서 몇 사람을 뽑아 평판 조회를 한다. 아니면 후보자의 직전 경력과 비슷한 시기에 해당 직무에서 일했던 사람을 찾아서 접촉하거나, 자체적으로 수소문해서 연락을 시도하는 경우도 있다고 한다. 어찌 됐건 내가 '이 사람에게 연락을 해 주세요'라고 지정할 수가 없기 때문에 불안할 수 있다.

하지만 실제로는 오픈형과 히든형 두 가지 방법을 혼용해서 평판 조회를 한다고 하니 너무 걱정하지 않아도 되겠다. 너무 오픈형으로만 진행하면 이미 사전에 입을 맞출 우려가 있어 신뢰성에 문제가 있을 수 있고, 또 너무 히든형으로만 진행했을 때는 평판 조회에 응하는 사람이 후보자를 얼마나 알고 있는지 알 수가 없어 정보가 확실치 않을 수 있기 때문이다. 그래서 보통 평판 조회를 오픈형으로 3명 진행했다면 그 오픈형 대상자가 된 사람에게 다른 사람의 정보를 추가로 받아 히든형으로 2명을 더 진행하는 경우가 많고, 이렇게 오픈형과 히든형으로 진행한 평판 조회 결과를 종합적으로 보고 판단한다.

평소에 잘하자

회사 생활을 하면서 겪은 일 중에서 나에게 해당되는 것이 있는가?

- □ 마음에 들지 않는 상사 흉을 보다가 직장 상사가 이를 알게 된 적이 있다.
- □ 회식 때 과음을 해서 행패를 부리고 사람들에게 민폐를 끼친 적이 있다.
- □ 회사 생활을 하면서 단 한 번도 회식에 참가해 본 적이 없다.
- □ 후배를 남들이 보는 앞에서 크게 호통치고 욕설하며 혼낸 적이 있다.
- □ 회사 매출에 막대한 영향을 줄 정도의 실수를 한 적이 있다.
- □ 회사 내 다른 팀과의 불화로 소란을 피운 적이 있다.
- □ 일하기 싫어서 무난 결근을 하고 잠수를 타본 적이 있다.
- □ 공금을 횡령해 본 적이 있다.
- □ 성희롱, 직장 내 괴롭힘, 사내 폭행, 음주 운전 등의 문제로 징계를 받은 적이 있다.

위 리스트에서 해당되는 것이 1~2개라도 있다면 평판 조회 통과가 어려울 수 있다. 반면 해당되는 사항이 없다면 평판 조회에 너무 큰 걱정을 하지 않아도 되겠다. '평소에 잘하는 것'만큼 좋은 평판 조회 대비법은 어디에도 없다. 퇴사할 때 하더라도 사고 치고 나오거나, 문제를 일으키고 나오거나, 적을 만들고 나오는 것을 주의하고, 퇴사하고 나서도 이제 안 볼 사람이라고 생각하지 말고 가끔씩 안부 문자나 전화도 하면서 관계를 지속해 원만한 인간관계를 만들어 두자.

2

연봉 협상 시
알아 두어야 할 것

경력직 이직을 위해 쉼 없이 달려온 뒤 최종 합격 통보를 받았다면, 이제 나를 기다리는 마지막 관문이 남아 있다. 우리나라 직장인들은 보통 연봉 협상에 임하는 자세가 지나치게 조심스럽거나 소극적인 경우가 많다. 이직은 내 연봉을 높일 수 있는 가장 좋은 방법임에도 불구하고 그 기회를 잘 활용하지 못하는 경우도 있어 제대로 알고 준비를 해야만 한다.

연봉 협상 전

− 지금 내 연봉 확인하기

연봉 협상 단계에서 가장 먼저 해야 할 일은 지금 내 연봉의 세부 항목을 확인하는 것이다. 통장에 매달 찍히는 금액이야 대부분 알고 있지만, 정확하게 어떠한 항목에서 내가 이 돈을 받고 있는 건지 의외로 잘 모르는 직장인들이 많다. 그래서 연봉 협상을 앞두고 있다면 세부적으로 내가 받고 있는 연봉 내역을 하나씩 뜯어볼 필요가 있다. 그래야만 협상을 할 때 상대 회사에서 제시한 연봉과 현재 연봉을 비교하면서 면밀하게 살펴볼 수 있는 기준이 생기기 때문이다.

우선 자신의 월별 급여 명세서를 살펴보자. 급여 명세서에 잘 모르는 부분이 있거나 자세한 항목이 없다면 재직 중인 회사 급여 담당자에게 반드시 물어봐서 항목들을 세세하게 파악해 놓자. 또, 복리 후생에 대해서도 같이 다시 한번 확인해 두자. 회사마다 항목이 다양하긴 하지만 일반적으로 기본급, 상여금, 성과급, 활동비, 교육 지원비, 차량 유지비, 통신비 등이 있다. 그런 다음에 그 항목들을 '고정급'과 '비고정급'으로 나누어 보자. 내가 고정적으로 받고 있는 금액과 비고정적으로 받고 있는 금액을 분류해 두면 이 기준을 바탕으로 연봉 협상에 임할 나의 기준이 생긴다. 실제 연봉 협상에서는 비고정적으로 받은 것은 연봉으로 포함시키지 않고 고정적으로 받은 것만 인정해 주는 경우가 많다. 만약 입사 후 단 한 번도 성과급을 안 받아본 적이 없거나 최근 약 5년 정도 성과급을 계속해서 받았다면 이 또한 '고정급'에 일단 포함시켜 보자. 회사마다 성과급은 통상 고정급이라고 인정해 주지는 않지만 팩트에 기반하여 실제로 고정적으로 쭉 받아 왔던 것이라면 어필을 해 볼 소지는 있으니 말이다. 결과적으로 내가 받는 '고정급'이 높아야 연봉 협상 시 유리하고, 고정급에서도 '기본급' 항목이 높으면 더 유리하다고 볼 수 있다.

– 이직할 회사의 인사 담당자에게 먼저 물어보기

이직할 회사에서 연봉 협상 제안이 온다면 금액을 먼저 제시하기보다는, 연봉과 관련된 정보를 먼저 물어보는 게 좋다. 우선 내 경력을 얼마큼 인정해 줄 것인지 물어보자. 그동안의 나의 직무 경력을 다 인정해 주면 좋겠지만 그렇지 않은 경우도 꽤 많다. 예를 들어서 동종 업계의 경력은 100% 인정을 해 주지만, 동종업계가 아닌 곳에서의 근무 경험은 50%만 인정해 준다거나 아예 인정을 안 해 주게끔 내규가 작성되어 있는 곳이 있다. 본인이 석사나 박사학위가 있다면 이 또한 경력으로 인정해 주는 곳도 있고, 안 해 주는 곳도 있고, 부분적으로 해 주는 곳도 있고 다양하다. 따라서 나의 경력을 어디까지 인정받을 수 있는지 물어본 뒤에 인정받은 경력에 맞게 연봉 협상 출발선의 기준을 세워보면 된다. 이렇게 기준을 세워두면 아무런 기준 없이 연봉을 너무 높게 부르거나 혹은 너무 낮게 불러서 민망스러운 상황이 연출되거나, 협상이 어려워지는 상황을 미연에 방지할 수 있다.

또 다른 하나는 현재 재직 중인 회사의 연봉 구조를 따져 보았듯이 이직할 회사의 연봉 구조를 따져 보아야 한다. 추가로 복리 후생으로 제공되는 보상 기준들을 함께 물어보면 더 좋다. 그리고 그 기준들 역시 '고정급'인지 '비고정급'인지 분류해 보아야 한다. 기본급을 올려서 입사했다고 좋아하다가 나중에 알고 보니 전 회사에 있었던 혜택들(기본급, 상여금, 성과급, 활동비, 교육 지원비, 차량 유지비, 통신비 등)이 없어서 실제로 내가 쓰게 되는 비용이 늘어나 사실상 연봉이 높아진 것이 아닐 수도 있기 때문에 미리 이직할 회사의 연봉 구조를 확인해 두는 것이 좋다.

– 내 포지션의 대략적인 연봉 파악하기

취업 시장에서 내가 이동하게 될 직급의 연봉이 대략 어느 정도인지 파악해 보자. 그래야 나도 연봉을 어느 정도 불러야 협상이 가능할지 가늠해 볼 수 있을 테니까 말이다. 그 회사의 현직자를 알지 않는 이상 정확하게 알기 어려운 것이 사실이지만, 요새는 잡코리아나 사람인의 연봉 통계, 잡플래닛, 캐치, 크레딧잡의 연봉 메뉴, 아니면 블라인드 앱이나 커뮤니티에서 그 회사 현직자들에게 직접 물어볼 수도 있으니 알고 있는 채널을 총동원해 보자. 그러면 대략 어느 정도 연봉이겠다는 것을 충분히 가늠해 볼 수 있으니 참고가 될 것이다.

연봉 협상 중

– 직전 연봉이 높아야 좋다

보통 연봉 협상하기 전에 전년도 원천징수영수증과 최근 12~24개월간(회사에 따라 3~6개월 정도만 요구하기도 함) 받았던 급여 명세서 내역을 요구한다. 그래서 내 직전 연봉이 높다면 협상할 때 기준점이 높아지는 효과를 보기도 한다. 따라서 내가 최근 1년 동안 받았던 기본급 외에도 부수적으로 받았던 것들이 있다면 자료를 모아서 함께 제출하자. 어떻게든 직전 연봉을 조금이라도 높이는 것이 연봉 협상에 유리하다.

그리고 내가 향후에 받을 '미래' 연봉은 협상 시 크게 도움 되지 않는다. 예를 들어, 내가 지금은 과장인데, 내년에 차장으로 진급 예정이라서 진급했을 때의 기대치를 감안하여 높게 책정해 달라는 것은 잘 통하지 않을 확률이 높다. 어디까지나 '가정'일뿐이고, 회사 입장에선 그 사람이 실제 내년에 승진 할지 안 할지 모를 일인데 덜컥 믿어버릴 수는 없기 때문이다. 차라리 그 점을 부각하고 싶다면 입사할 때의 연봉이 아니라 '직급 조건'을 명확하게 협의 보는 게 더 좋은 방법이다. 덧붙여 '내가 조만간 성과급을 받을 예정인데…'라는 말도 실제 급여내역서에 찍혀 있는 것이 아니라면 통하지 않을 확률이 높다.

– 연봉 협상에 그냥은 없다

연봉 협상에서 '저 그냥 이 연봉으로 주세요', '이 연봉에 맞춰 주세요'라고 말하는 것은 없다. 최소한 내가 이러한 근거로 이 정도 연봉을 받아 왔었으니 이 연봉을 맞춰 달라고 제시해야 한다. 내가 왜 이 정도의 연봉을 받아야 하는 사람인지를 증명할 수 있는, 또는 어필할 수 있는 '근거'가 있어야 한다. 그리고 여기에서의 근거는 '희소성'에 기반한다. 시장에서 매겨지는 일반 재화의 가치와 똑같다고 보면 된다. 희소한 재화는 웃돈을 주고서라도 소비를 한다. 하지만 시장에 널리고 널린 재화는 굳이 돈을 더 주면서 소비를 하지 않지 않는다. 스포츠 선수들이 연봉 협상할 때를 떠올려 봐도 쉽게 이해가 될 것이다. 프로 야구 선수가 FA 연봉 협상을 할 때, 어떤 선수는 3루수만 가능한 선수이고, 또 다른 선수는 2루수와 유격수까지 커버 가능한 유틸리티 내야수(Utility Infielder)라면 후자의 경우가 당연히 더 높은 연봉을 쟁취할 것이다. 타격에는 한 방이 있지만 수비가 약한 선수보다는 준수한 타격과 안정적인 수비력까지 보유한 선수가 몸값이 높아지는 구조는 당연하다.

똑같은 관점에서 직장인을 예로 들어 본다면, 업계에서 나와 비슷한 직무로 일하는 사람들보다 나는 다른 사람들은 안 해 봤던 독특한 프로젝트를 수행해 본 적이 있어서 역량 발휘할 수 있는 경험치가 높다든지, 전문 자격증을 보유하고 있어서 더 높은 성과를 낼 수 있다든지, 전문책 출간 경험이나 학위가 있어서 깊이 있는 업무 지식이 있다든지 등 본인만의 '희소성'을 내세워 어필하면 연봉 협상에 도움이 될 것이다.

– 사이닝 보너스, 스톡옵션, 전문 계약직

정말 가고 싶은 회사이긴 한데, 내가 생각한 연봉과 격차가 좁혀지지 않고 연봉을 맞춰줄 수 없다는 최종 입장을 전달받았을 때 내가 취할 수 있는 최후의 수단은 사이닝 보너스나 스톡옵션을 줄 수 있는지 확인해 보는 것이다. 과거에는 몇몇 대기업이나 스타트업에서만 이런 인센티브를 주었지만 요새는 재량에 따라 주는 곳도 많이 늘어나고 있다.

이는 '한시적'으로 받는 개념이기 때문에 내가 꾸준히 받는 연봉만큼은 아니겠지만, 그럼에도 내가 정말 들어가고 싶은 회사라면 한발 양보하고 받아낼 수 있는 차선의 방책이 될 수 있다. 회사마다 다르긴 하지만 보통 사이닝 보너스는 입사 후 최초 1회 지급, 분기별 n회, 고정액 n원 지급 이런 식으로 지급된다고 하니 참고해 두자. 스톡옵션은 자사의 주식을 일정 한도 내에서 액면가 또는 시세보다 훨씬 낮은 가격으로 살 권리를 부여한 뒤 일정 기간이 지나면 임의대로 처분할 수 있는 권리를 말한다. 회사의 성장이 기대된다면 쏠쏠한 보상이 될 수 있다.

샤이닝 보너스도 스톡옵션도 만족스럽지 못하다면 전문 계약직으로 조건을 선회해서 재협상을 시도해 볼 수 있다. 정규직의 경우 직급별 연봉 테이블이 회사마다 정해져 있어서 내가 제시한 연봉을 다 맞춰줄 수가 없지만, 일반 계약직이나 전문 계약직으로 전환하면 좀 더 유연하게 급여를 지급해 줄 수 있는 폭이 생긴다. 내가 정규직이 아닌 사항을 감수만 할 수 있다면 이 또한 하나의 묘책일 수 있다.

– 연봉 협상 과정에서도 내 평판이 드러난다

연봉을 협상하는 일련의 과정 또한 내 평판이 매겨지는 순간이라는 것을 명심해야 한다. 최종 면접까지 다 합격한 상황이라고 해서 너무 마음을 놓아 버리고 기본 매너도 없이 연봉 협상에 임했다가는 낭패를 볼 수도 있으니 조심하자.

돈에 대해 너무 지나친 집착을 한다는 인상을 주어서는 안 된다. 회사는 서로의 의견이 합의될 때까지 10번이고 100번이고 협상하지 않는다. 적당한 선에서 의견을 주고받으며 조율해 나가지 한 치의 양보도 없이 계속해서 내 의견만 주장한다면 결국 내 손해다. 회사가 나에 대해 안 좋은 인상을 갖게 되는 것을 물론이고, 내가 무리해서 높은 연봉을 받고 입사했을 때 '그 정도의 성과를 과연 낼 수 있는가'에 대한 꼬리표가 따라다닐 수 있다. 반대로 처음부터 '백지위임'을 해 버리는 태도도 썩 좋지는 않다. '아, 저는 그냥 주시는 대로 받을게요'라는 저자세는 오히려 내 커리어를 깎아 먹는 행동일 수 있으니 내 경력에 맞게 회사 내규에 맞게 잘 살펴본 뒤 적당한 선에서 연봉을 제안하고 협상해 나가는 것이 좋다. 이때도 물론 서두에 말했던 것처럼 '저는 이 정도의 연봉을 받아 왔으니 이 정도 범위 내에서 회사가 제시하는 수준과 맞다면 겸허히 수용할 마음이 있습니다'라고 의견을 밝히는 것이 좋다.

3

근로계약서 쓰기 전
확인해야 할 것

    연봉 협상까지 모두 마무리가 되면 이제 근로계약서만 쓰면 끝이다. 보통 근로계약서는 입사 전에 미리 쓰지 않고, 입사한 후 회사에 출근해서 쓰는 경우가 대부분이다. 그래서 근로계약서를 쓰기 전에 일종의 입사 사실을 확인하는 확약 개념의 오퍼레터를 받게 된다. 오퍼레터를 받게 되면 사실상 입사가 확정된 것으로 보기 때문에 정당한 이유 없이 회사에서 일방적으로 입사 취소 통보를 할 수 없고, 근로계약서 체결 전이라도 그에 준하는 효력을 갖고 있기 때문에 일종의 안전장치라고 보면 된다. 이번 주제에서는 근로계약서 쓰기 전에 받는 오퍼레터에 대해 이야기해 보겠다.

오퍼레터 받기 전 입사 여부 확실히 결정하기

　서류를 준비하고, 자기소개서를 작성하고, 면접을 거쳐 연봉 협상 단계까지 끝냈다는 건 그 회사에 입사할 의지가 있다는 것이다. 그래서 이제 와서 나는 이 회사에 정말 갈 것인가에 대한 질문은 너무 늦지 않나 할 수도 있지만 현업에 있다 보면 오퍼레터를 받고도 2~3일 길게는 일주일간 더 고민해 보겠다고 하는 사람들이 상당히 많다. 심지어 오퍼레터를 받고도 포기하는 경우도 허다하다.

　이제 정말 마지막으로 이 회사를 선택할지 결정해야 하는 순간이다. 이후에는 마음이 바뀌었다고 쉽게 결정을 번복할 수가 없기 때문에 다시 한번 최종적으로 회사에 대해 알아보고 고민해야 한다. 나도 회사를 평판 조회해 본다고 생각하면 된다. 가장 쉽고도 일반적인 방법으로는 잡플래닛, 캐치, 크레딧잡, 블라인드 같은 회사 리뷰를 볼 수 있는 플랫폼의 후기들을 차근차근 살펴보는 것이다. 이때 중요한 것은 '완벽한 회사는 없다'는 점과 '일관적으로 나오는 멘트에 집중하라'는 점이다. 리뷰를 읽다 보면 절대 장점만 나열된 회사는 없다. 단점이 조금 보인다고 해서 덜컥 '아, 이 회사는 별로구나. 가면 안 되겠다'라고 마음먹지 말고, 그 단점이 나의 기준에서 어느 정도로 수용 가능한지를 먼저 따져 봐야 한다. 그리고 여러 사이트에 접속해서 현직자의 리뷰를 읽다 보면 한 개인의 의견이 아니라 여러 사람이 공통적으로 말하는 장단점이 보인다. 따라서 가능한 다양한 사이트에 접속해서 리뷰를 살펴보고 그것을 기준으로 가늠해 보면 되겠다.

그 외에는 현직자를 직접 만나보는 방법이 가장 좋은데, 아는 지인들을 총동원하여 대면이든 전화든 이메일이든 인터뷰를 해 보면 보다 정확한 정보를 얻을 수 있어 입사 여부를 정하는 바로미터로 삼을 수 있다. 만약 도움을 청할 적당한 지인이 없다면 온라인상에서 현직자들에게 채팅을 걸어 궁금한 것을 물어보거나, 내가 입사 예정인 회사의 홈페이지나 sns에 접속해서 관련 정보를 얻어 볼 수도 있다. 그리고 잡코리아에 현직자에게 질문할 수 있는 메뉴를 활용해 볼 수도 있고, 가장 편하게는 링크드인에 가입해서 현직자와 직접 소통해 볼 수 있는 방법도 있다. 내 노력에 따라서 얼마든 현직자를 찾아보면 찾아볼 수 있으니 깊이 있는 의견을 균형 있게 들어 보도록 하자.

오퍼 레터를 받았다면 명시된 사항들을 보고 또 보자

당연히 오퍼레터에 협의된 모든 사항을 잘 기입해 두었겠지만, 그럼에도 내가 최종적으로 하나하나 잘 따져 보는 세심함을 갖추어야 한다. 회사에서 알아서 잘 작성해 주셨겠지 할 수도 있지만, 이 또한 사람이 하는 일이라 실수가 있을 수 있고, 의견을 나누는 과정에서 서로 오해가 생겨 잘못 기재되어 있을 수도 있다. 오퍼레터가 전달되고 내가 사인을 하는 순간 근로계약서도 그렇게 굳어지게 되는 것이기에 꼼꼼하게 잘 살펴보아야 한다. 오퍼레터는 회사마다 형식과 양식이 다르긴 하

Job offer sheet

홍길동 님 귀하

안녕하십니까, 귀하께 offer letter 를 드리게 되어 기쁘게 생각하며, 아래와 같은 처우로
제안을 드립니다.

* 성명: 홍길동

1. 입 사 일 : 20XX. X. X.(월)
2. 부 서 : 경영XX실
3. 담 당 업 무: HR
4. 직 급 : 과장 n 년차
5. 연 봉 : 총 00,000,000 원
   (기본연봉: 0,000 만원 + 복지포인트: 0,000 만원 + 경영성과급 별도)
6. Benefits 프로그램:
   (1) 차량지원비 : 000,000 원/월
   (2) 주차지원비 : 000,000 원/월
   (본사 건물주차시 회사부담, 타 주차장이용시 14 만원한도 지원)
   (3) 자기계발비 : 00,000 원/월
   (4) 통신비지원 : 00,000 원/월
   (5) 연금지원금 : 00,000 원/월
   (6) 자녀학자금 : 고등학교 학자금 전액 지원 / 대학교 등록금 00% 지원
7. 기타사항
   (1) Probation 기간: 입사 후 3 개월 동안 업적평가가 회사의 표준과 기대에 미치지
       못할 경우 회사는 고용계약을 취소할 수 있음.
   (2) Incentive 프로그램: [MBO bonus, Stock option, Commission 등을 기술]
   (3) 의료지원, 휴가일수 및 경조비 등은 국내법 및 회사의 취업규칙에 따름.
   (4) 입사자의 처우 내용은 타인에게 공개할 수 없으며 이는, 입사 후에도 동일하게
       적용됩니다.

Offered by _____   Date :_____
     CEO, ABC co.

Accepted by_____   Date: _____
     Kil-dong, Hong

▲ 오퍼레터 양식 샘플

지만 통상 아래의 사진처럼 항목이 적혀 있다. 이 정도면 괜찮게 잘 갖추어져 있는 오퍼레터라고 볼 수 있다.

연봉은 상호 협의된 사항으로 잘 기입이 되었는지, 기본급으로 주기로 한 사항들인데 갑자기 복지 비용이나 성과급 형태로 교묘하게 바뀌어 있지는 않은지, 나의 직급과 직무는 잘 명시되어 있는지 확인해 보자. 그리고 입사 일자도 다시 한번 확인해 보는 것이 좋은데, 입사 일자가 상호 협의되지 않은 상태에서 오퍼레터를 받았다면 대략적으로라도 언제쯤 입사하겠다는 날짜를 기재하거나 추후 변동 가능성이 있다거나 협의가 필요하다는 부수적인 표현을 함께 써 주는 것이 안전하다. 이런 경우는 없어야겠지만, 만약에 입사가 번복되어 법정 다툼까지 벌이게 된다면 기준이 되는 문서가 오퍼 레터가 될 수 있기에 신중하게 따져 보고 확약을 받는 것이 필요하다.

이렇게 모든 확인을 하고 이상이 없으면 동의한다는 회신을 주면 끝이다. 그리고 첫 출근해서 근로계약서를 쓸 때 내가 받았던 오퍼레터를 출력해서 가져가는 것도 좋다. 근로계약서의 회사 규정이나 규칙들을 확인하면서 내가 입사할 때의 받았던 조건과 상이한 것이 있는지 비교해 보기 위함이다. 혹시 입사 전 설명 들었던 내용과 다른 부분이 있거나 이해 가지 않는 부분이 있다면 그 자리에서 꼭 체크하고 서로 오해가 없도록 해야 한다.

4

지금 회사에 퇴사 사실을
언제 어떻게 알릴까

이직의 기나긴 여정이 마무리되어 가고, 이제 현 회사에 퇴사 사실을 알릴 절차만 남아 있는 상태다. 아무리 회사가 미워도 절차는 지키고 나가는 것이 도리이고 무단 출근, 무통보 퇴사는 혹여나 괘씸죄로 현 회사에서 말끔한 퇴사 처리를 안 해 주다든가 추후에 문제가 생길 수 있으니 주의하자. 그럼 언제 어떻게 퇴사 사실을 회사에 밝히는 것이 좋을지에 대해 알아보도록 하겠다.

오퍼레터를 받은 뒤에 움직여라

간혹 최종 면접에 합격했다고 동료들에게 퇴사 사실을 미리 밝혀버리거나, 반대로 회사에 내 퇴사 소식을 전하는 게 죄송하다고 차일피일 미루기만 하는 경우가 있다. 둘 다 좋지 않다. 전자의 경우에는 최종 면접 이후에도 평판 조회나 연봉 협상 단계가 남아 있어 얼마든지 회사에서 합격 의사를 번복할 수 있는 여지가 있기에 위험하고, 후자의 경우에는 현 회사와 입사 예정인 회사 둘 다 곤란하게 만들기 때문에 옳은 행동이 아니다.

정답은 오퍼레터를 받은 다음에 퇴사 사실을 현 직장에 알리는 것이다. 오퍼레터를 주는 절차가 없는 회사의 경우라면 최종 입사일을 이메일이나 문자 등으로 증빙이 되는 방식으로 흔적을 남기면 된다. 오퍼레터를 받고 퇴사 사실을 알리면 좋은 점이 또 있다. 너무 일찍 퇴사 통보를 해 버렸다면 이직할 회사와 협상할 때 내가 더 이상 돌아갈 곳이 없기 때문에 불리한 조건을 제시해도 따라갈 수밖에 없게 된다. 따라서 퇴사 사실은 오퍼레터를 받고 나서 혹은 최종 입사일을 확정받고 난 다음 알리는 것이 좋다.

누구에게 먼저 알릴까?

평소 회사의 업무 보고 라인이나 결재 라인 순서대로 하면 딱 적절하다. 참고로 내가 구두로 퇴사 의사를 밝힌 것만으로도 법적 효력이 생기기 때문에 꼭 먼저 사직서를 쓰지 않아도 되니, 퇴사 사실을 나의 상사에게 구두로 먼저 알리자.

다만 보고 라인이나 결재 라인에 따라 상사에게 알리기 전에, 같이 일하는 팀원이나 동료들에게는 나의 퇴사 사실을 먼저 알리는 것이 도리라고 생각한다. 사실 내가 퇴사하게 되면 가장 영향을 많이 받을 사람들이다. 아쉬워할 수도 있고, 반대로 배신감을 느낄 수도 있을 것이다. 내가 떠나고 당분간 새로운 사람이 오기까지 업무 조정으로 업무량이 많아지기도 할 것이고, 심리적으로 동료가 떠난다는 사실에 몰입이 깨지면서 업무 집중에도 영향을 줄 것이다. 그래서 친했든 안 친했든 동료에게는 가장 먼저 이 사실을 알리고 마음의 준비를 조금이라도 먼저 할 수 있게끔 배려해 주는 것이 맞다고 생각한다.

동료에게 내 퇴사 소식을 알렸다면 이제 상사에게 알릴 차례다. 여기서 주의할 점은 동료에게 알리고 그날 혹은 다음 날에 바로 상사에게 나의 퇴사 사실을 전해야 한다는 것이다. 동료에게 알린 뒤에 하루, 이틀, 일주일 시간이 지난 다음에 상사에게 알리려고 했다가는 이미 소문이 나 버릴 수도 있고, 그 소문을 상사가 다른 사람을 통해서 듣게 된다면 언짢아하거나 서운해할 수도 있다. 그래서 되도록 퇴사 통보를 하겠다고 마음먹은 날 '오전'에는 동료에게 '오후'에는 상사에게 바로 알리는 것이 좋다.

퇴사 면담은 진정성 있게 예의를 갖춰서 하자

어떤 상사도 심지어 나를 미워하던 상사도 내 부하 직원이 퇴사한다고 통보했을 때 달가워할 사람은 아무도 없을 것이다. 그렇기 때문에 퇴사 면담은 너무 가볍지 않게 진심을 담아서 임하는 태도가 중요하다. '많이 당황스러우시겠지만', '충격이 크시겠지만' 등의 쿠션 언어를 적절히 사용하면서 말문을 떼면 좋다.

퇴사 면담 중에 '너는 꼭 필요한 인재니까 남아 달라', '내가 연봉을 더 올려줄 테니 남아 달라', '이번에 승진시켜 줄 테니 남아 달라' 등으로 현혹하는 경우가 있는데, 정말 파격적으로 내가 혹할 조건이 아닌 이상 흔들리지 말고 처음의 결정을 밀고 나가야 한다.

만약 조건을 받아들여 남는다고 해도 이미 한 번 떠날 결심을 하고 최종 면접까지 다 보고 온 이상 업무에 집중이 잘 안 될 확률이 크다. 또한, 회사에도 이미 '퇴사를 마음먹은 사람'이었다는 꼬리표가 따라다닐 수 있어 좋은 평판으로 오랫동안 일하기 힘든 것이 사실이다.

퇴사 사유는 절반의 솔직함으로 말하자

마지막으로 퇴사 면담에서 빠지지 않는 것이 퇴사 사유인데, 퇴사 사유는 '절반의 솔직함'으로 임하는 것이 좋다. 절반이라고 표현한 이유는 100% 너무 솔직하게 말했다간 서로 기분이 상할 수도 있고, 그렇다고 너무 뻔한 말로 퇴사 사유를 남기면 남아 있을 동료들을 위해서도 좋지 않기 때문에 그렇다.

퇴사 사유가 팀장 때문이었든, 회사에 불만이 있었든 격양된 어조로 여태껏 쌓인 것들을 따지듯이 폭로하고 떠나면 안 좋은 이미지로 남을 수 있다. 떠나면 끝이 아니다. 평판 조회에서도 말했지만 전 회사뿐만 아니라 지금까지 내가 재직했던 모든 회사를 조회해 보기도 하고, 꼭 평판 조회가 아니더라도 내가 이 업계에 계속 있을 예정이라면 언제든 다시 직간접적으로 만날 수 있기 때문에 굳이 안 좋은 이미지를 남기고 나올 이유가 없다.

그리고 꼭 퇴사 사유를 말해야겠다면 남아 있을 회사 동료들을 위해서 절반의 솔직함을 담아 퇴사 사유를 알리고 나오자. 내가 이 회사를 떠나는 이유는 어떤 부족함 때문이었을 텐데 그 부족함은 나뿐만 아니라 다른 동료들도 공감하고 있었을 것이다. 하지만 회사에 남아야 하므로 허심탄회하게 말하지 못하는 경우가 많은데, 이럴 때 퇴사자가 회사의 문제점이나 부족한 점을 말해 주게 되면 퇴사한 사람의 사유를 보고 개선될 수도 있고 반성할 계기로 삼을 수도 있다. 따라서 남아 있는 동료들을 위해서라도 너무 뻔한 퇴사 사유만 늘어놓기보다는 적당히 솔직하게 표현하는 것도 좋다.

이렇게 퇴사 의사를 밝히고 나면 이제 퇴사 단계를 차례로 밟아 나가면 된다. 정확한 퇴사 날짜, 퇴사 전까지 내가 회사에서 해야 할 일, 인수인계해야 할 것 등에 대해서 조율하면 된다. 지금 회사에 퇴사 사실을 말하는 시기와 말하는 방법을 잘 조율해서 불미스러운 일 없이 서로 얼굴 붉히지 않고 아름다운 마무리를 하고 나올 수 있도록 하자.

5

떠나는 자의
아름다운 뒷모습을 위한
퇴사 준비

퇴사 통보도 끝나고 퇴사 일정이 나왔으면 이제 마음이 홀가분할 것이다. 하지만 퇴사 전까지는 그 회사의 직원이기 때문에 마음대로 행동하거나 다른 동료들에게 피해를 주는 행동은 하지 않아야 한다. 박수를 받으면서 아름답게 떠나려면 이 4가지만 알아 두면 된다.

업무 인수인계 3가지 원칙

- 흔적 남기기

업무 인수인계했다는 내용을 서명으로 받아 놓자. 만약 회사에 이런 서명 양식이 따로 없다면 인수인계를 완료했다는 내용을 부서장에게 제출해도 좋고, 그렇게까지 하는 문화가 아니어서 부담스럽다면 최소한 인수인계가 완료되었고 그동안 감사했다는 인사말과 함께 메일을 남겨 두어도 좋다. 혹시 모를 인수인계 책임 문제에 대해 이렇게 내용을 남겨둠으로써 해결할 수 있다.

– 양식 확인하기

회사에 인수인계 양식이 따로 있는지 확인해 보자. 양식이 있는 곳이라면 그 양식에 맞춰서 인수인계 내용을 빠짐없이 작성해서 남겨두면 된다. 양식이 따로 없는 곳이라면 인터넷에서 인수인계 양식을 검색해서 가장 기본적인 양식을 하나 다운받아 작성해도 되고, 양식까지는 필요 없다면 엑셀, 파워포인트, 워드 등 파일로 간단하게 작성해도 무방하다.

인수인계 내용은 프로젝트나 업무 단위별로 카테고리를 구분하고 업무 기간, 업무 내용, 현재 진행 상황, 유관 부서, 유관 부서 담당자 연락처, 외부 기관 담당자 연락처, 특이 사항 등의 항목으로 작성하면 무난하다. 그리고 내가 외부 업체나 외부 기관과 협력해서 업무를 하던 것이 있으면 그 기관에 개인 사정으로 퇴사를 하게 되었으니 추후에는 ○○○에게 연락하면 된다고 연결을 해 주고 떠나면 된다.

– 폴더 정리

회사마다 공용 클라우드 폴더를 쓰는 곳도 있고, 개인적으로 따로 폴더를 만들어서 쓰는 곳도 있을 텐데, 그 폴더들을 깔끔하게 정리하고 히스토리를 남겨 두자. 폴더에 잘 정리만 해 두어도 후임자가 업무를 이해하는 데 많은 도움이 된다. 시기순으로 나열을 하든, 업무 프로젝트 단위로 나열을 하든, 그 회사가 원래 해 오던 방식에 맞춰서 나열을 하든 히스토리를 알아볼 수 있게 파일을 잘 정리해 두면 된다. 혹여나 퇴사한 이후에 업무 관련해서 연락이 온다면 어느 폴더를 확인해 보라고 말해 주면 편하기 때문에 더욱 추천한다.

민감한 문서는 갖고 나오지 마라

내가 그동안 작업했던 문서나 파일, 양식이 나중에 필요할지도 모른다는 생각에 따로 챙겨서 가지고 나오는 사람들이 있다. 아무리 내가 직접 만들었다고 하더라도 엄연히 그 회사에 계약된 신분으로서 일했던 것들이기 때문에 민감한 정보일 수도 있고, 2차 유출될 우려도 있어 허락 없이 무단으로 자료를 가지고 나가지 말아야 한다. 특히나 내가 경쟁사나 동종 업계로 이직하는 경우에는 더더욱 조심해야 한다. 정말 필요한 자료라서 꼭 가져가고 싶다면, 회사의 동의를 받고 개인 소장하거나, 핵심 정보는 삭제하고 반출해야 한다.

인사 관련 담당자 연락처는 알아 두자

인사팀 담당자, 특히 급여 담당자의 연락처나 이메일 주소는 알아 두고 퇴사하면 좋다. 퇴직금 관련해서 문의 사항이 생길 수 있고, 연말 정산 시 전 직장에 내가 요청해야 할 자료들이 있을지 모르기 때문이다. 그 외에도 나중에 경력증명서를 요청할 일이 생길 수도 있으니 인사팀 담당자의 연락처를 알아 두면 유용하다.

마지막 인사 전하기

그동안 함께 한 동료들에게 작은 선물을 준비해 보자. 무난한 선물로는 부서 인원수에 따라 다르겠지만 만 원 내외의 선물이 주는 사람도 받는 사람도 부담스럽지 않고 적당하다고 생각한다. 예를 들면 간식, 상품권, 기프트 카드 정도면 무난하겠다. 무엇이 되었든 간에 그동안 감사했다는 마음을 담아 선물로 표현하는 것도 좋다고 생각한다. 마지막으로 유관 부서나 타부서 동료들에게도 마지막 인사를 하자. 회사 생활을 하다 보면 우리 부서뿐 아니라 나에게 도움을 주는 협력 부서, 유관 부서가 반드시 있기 마련이다. 좀 귀찮을 수도 있겠지만, 퇴근 시간 1시간 전쯤부터 몇몇 부서를 직접 돌아다니면서 눈을 맞추면서 그동안 감사했다고 인사를 하고 마지막 이야기를 나눠 보자. 언제 어디서 다시 만날 인연일지 모르기에 마지막 모습까지 잘 마무리하고 나오는 것이 좋다.

그동안 잘 다녀왔던 회사를 마지막까지 잘 마무리해서 안 좋은 꼬리표를 남기지 않고 멋지게 떠나는 뒷모습을 보여 주는 것이 건강한 이직의 완성이라고 말하고 싶다. 마지막 모습은 첫 만남처럼 오래도록 회자된다고 한다. 퇴사하는 날까지 업무에 최선을 다하고, 동료와 상사에게 예의를 갖추고, 감사함을 표해서 건강한 이직을 완성해 보자.

경기후

1

경력직도 수습 기간이 있을까

경력직으로 입사해도 수습 기간이 있을 수 있다. 예전에는 신입 사원에게만 적용되던 제도였는데, 최근에는 경력직에게도 수습 기간을 두는 곳이 많아졌다. 수습 기간은 회사마다 다르지만 통상 3개월 정도로 이 기간 동안 우리 회사에 잘 적응할 수 있을지, 업무 능력은 어느 정도인지 평가한다.

그렇다면 수습 기간에도 해고당할 수 있을까? 결론부터 말하면 해고당할 수 있다. 법적으로 수습 기간 동안 회사 업무를 수행하기에 '현저히' 능력이 부족하다고 인정될 때는 한 달 전 해고 예고 없이도 바로 계약을 해지할 수 있다. 그러나 이 조항 때문에 너무 겁먹을 필요는 없다.

현실적으로 '현저히' 업무 수행 능력이 부족하다는 것을 회사 측에서 입증해야 하는데 이를 입증한다는 것이 쉬운 일도 아니고, 부당 해고 소송으로도 번질 수 있기에 수습 기간에 해고하는 일은 거의 없다. 아주 심각한 문제를 일으키지 않는다면 3개월 동안 나도 회사를 알아가는 적응 기간이라고 생각하면서 지내면 바람직하다. 단, 이 두 가지는 신경 써야 하는데 하나는 업무 능력, 나머지 하나는 적응력이다.

제6조 수습 기간

경력 사원의 경우 수습 기간은 근로 개시일로부터 3개월/신입 사원의 경우 근로 개시일로부터 6개월로 운영하되, 수습 기간 동안 급여 및 상여금은 정상 지급된다.

*수습 계약 기간 중 또는 수습 기간 만료된 자로 수습 평가 실시 등을 통해 본 채용이 부적합하다고 인정된 자는 타규정에서 정한 별도의 절차를 거치지 아니하고 즉시 본 채용을 거부할 수 있다.

▲ 근로계약서에 명시된 경력직 수습 기간

업무 보고를 게을리하지 말자

'업무 능력'은 업무 성과를 얼마나 보여줄 수 있는 사람인지에 대한 증명을 말한다. 그런데 수습 기간인 3개월 만에 대단한 성과를 보여 주기란 상당히 어려운 일이다. 그래서 당장 큰 성과를 내기 위해서 스트레스를 받기보다는 업무를 하나씩 진행하면서 노력하고 있다는 것을 보여 주는 데 주력해 보기 바란다. 그리고 중요한 것은 노력한 결과물을 팀장이나 부시장에게 문서로 만들어 보고하면서 자주 보여 주자.

큰 성과보다는 작은 성과에 초점을 맞춰서 개선할 것들이 있는지 새롭게 도입할 만한 업무 요소는 무엇이 있는지 살펴보자. 그리고 피드백을 받으면서 중간보고도 게을리하지 않아야 한다. 일 잘하는 직장인들은 중간보고와 피드백 받는 것을 소홀히 하지 않는다. 평소 내가 그런 업무 스타일이 아니더라도 수습 기간 3개월 동안은 의도적으로 그렇게 해 보기를 권장한다. 피드백과 중간보고를 통해 내가 일을 추진하려는 의지가 있고, 업무를 잘 수행하고자 하는 노력이 있다는 것이 알려지게 되고, 이런 모습은 수습 기간 평가 때 반영되어 좋은 결과를 기대해 볼 수 있다.

사람들에게 내가 먼저 다가가라

다음은 '적응력'에 대한 부분이다. 경력직으로서 조직에 잘 녹아들고 융화될 수 있는 사람인지를 수습 기간 동안에 유심히 볼 것이다. 실제로 입사하게 되면 하루에도 몇 번씩 "요즘 잘 지내고 계시나요?", "적응은 잘하고 계시나요?" 등의 질문을 지겨울 정도로 받을 것이다. 아무리 일을 잘하고 역량이 출중해도 대인 관계 역량이 부족하다고 느끼면 좋은 점수를 받을 수 없기 때문에 사람들에게 먼저 다가가면서 친화력을 발휘해 보자.

사람들은 생각보다 경력직으로 들어온 '나'라는 사람에 대해서 관심이 없다. 먼저 말을 걸어 주고 챙겨 주기를 바라고만 있다면 쉽게 친해지기 어렵다. 소위 '스몰 토크'라고 하는 가벼운 이야기를 던져 말을 붙여 보고, 밝은 표정으로 회사 생활을 한다면 충분하다. 물론 쉬운 일은 아니다. 하지만 내가 먼저 대화를 시도하고, 친해지려고 노력한다면 상대방도 마음을 열고 어려운 점은 없는지 물어봐 주면서 다정한 손길을 내밀어 줄 것이다.

　요약하자면, 경력직도 수습 기간이 있을 수 있다. 다만 너무 많은 걱정을 한다거나 잘 보이려고 복잡하게 생각할 필요는 없다. 수습 기간 동안 내가 업무에 대해 관심이 있고 진행을 잘 시켜나가고 있다는 것을 입증하면서 업무 외 회사 생활에도 적응하려는 모습을 보이고 있음을 어필해 준다면 충분하다.

2

새로운 회사로 출근하기 전
마인드 셋

설레는 마음으로 기대감을 앉고 새로운 회사로 이직했지만, 점차 합격했을 당시의 기쁨은 온데간데없어질 것이다. 회사는 경력직에게 바라는 기대치가 크다. 더 많은 성과를 내 주기를 바라고, 더 실력 있는 사람이기를 바라기 때문에 그 부담감이 크게 느껴질 것이다. 대단한 전문가가 온 것처럼 대우를 하고 소개를 하기도 한다. 그도 그럴 것이 신입이 아닌 경력을 뽑아 그 자리를 대신한 것이고, 그 자리에 수많은 경쟁자를 이기고 내가 들어왔으니 그런 기대를 거는 것도 당연하다. 이런 부담스러운 상황에서 안정적으로 조직에 적응하기 위해서 딱 다섯 가지만 기억해 보도록 하자.

전 회사와 똑같은 것은 없다

분명 내가 해 왔던 업무긴 한데, 전 회사와 다른 업무 방식으로 고생을 하는 경우가 많다. 내가 경력직이 맞나 싶을 정도로 신입 사원보다 더 아무것도 모르는 햇병아리가 된 것 같은 기분마저 들 수도 있다. 그래서 지나친 자신감으로 '내가 해 봤던 거니까 그까짓 것쯤이야'라는 태도는 버리는 것이 좋다. 특히 이직이 처음이라면 더더욱 내게 익숙한 것보다 낯선 것이 훨씬 많을 것이라는 점을 꼭 인지하고, 차근차근 다시 내 것으로 만든다는 생각을 갖고 적응해야 한다.

새로운 직장에 환상을 갖지 말자

이직하면 나에게 장밋빛 미래가 펼쳐질 거라는 환상을 갖지 말자. 내 자리가 생겨난 이유는 사세 확장 아니면 공석이다. 실제로는 사세 확장보다는 공석으로 인한 경우가 더 많다. 좀 더 자세히 말하면 누군가 못 견디고 퇴사해서 떠난 자리, 누군가 다른 부서로 발령 나서 주인이 없어진 자리가 지금 내가 채용된 그 자리라는 뜻이다. 무언가 힘든 업무 환경이 기다리고 있을 수 있고, 누군가 발령이 나서 떠나버렸기 때문에 나에게 인수인계를 친절하게 A부터 Z까지 해 줄 사람이 없을 수도 있다. 그러므로 마음을 단단히 먹어야 한다. 너무 기대에 부풀었다가 큰 실망감을 느끼는 것보다 힘들 수도 있음을 미리 대비하는 것이 정신 건강에 더 좋을 수 있다.

새로움을 보여 줘라

반면 앞서 말한 나에게 모든 것이 낯설고, 전과 다른 것들 투성이라는 점을 뒤집어서 생각해 볼 필요도 있다. 그들에게는 내가 하는 행동, 방식, 아이디어 하나하나가 새로운 것들로 여겨질 것이다. 뭔가 대단한 것을 보여 주려고 하기보다는 내가 자연스럽게 보여 줄 수 있는 새로운 방식이나 관점은 무엇이 있을지 살펴보자. 매번 같은 사람들끼리 의견을 주고받다가 내가 던진 작은 화두를 신선하게 받아들이고 새로운 시각이라고 느껴 좋아해 줄 수도 있다.

경력직은 배우러 온 것이 아니다

경력직도 물론 처음 입사하면 기본적인 교육을 받는다. 정식으로 교육을 받기도 하고 선임자 또는 동료를 통해서 간단히 교육을 받기도 한다. 하지만 그 배움의 기간이 너무 길어서는 안 되고, 하나씩 천천히 차근차근 배우겠다는 마인드로 접근해서도 안 된다. 최소한의 업무 절차에 대한 부분만 빠르게 배우고, 그다음부터는 내가 주도적으로 일을 찾고, 개선하고, 발전시키는 모습을 보여 줘야 한다. 바로 실무에 투입시키기 위해 신입이 아닌 경력직을 뽑았다는 사실을 잊지 않아야 한다. 신입과 경력직은 달라야 한다. '아, 제가 아직 잘 몰라서', '이건 제가 차츰 익혀 나가겠습니다' 등의 말은 은연중에라도 뱉지 않는 것이 좋다. 모르는 것이 생기면 물어보되 최대한 할 수 있는 데까지 내가 먼저 찾아보고, 질문 횟수나 빈도도 차츰 줄여 나갈 수 있도록 노력해야 한다.

작은 성공부터 만들어라

초반부터 대단한 업무 성과를 보여주지 않아도 괜찮다. 나를 우리 부서에 필요한 사람으로 인지시키는 것만으로도 충분하다. 그러기 위해서는 작은 성공부터 만들어 보자. 대형 프로젝트가 아니어도 좋고, 굵직한 연간 계획이 아니어도 좋다. 대단한 것을 보여 주려고 아무것도 보여 주지 못하는 것보다 작은 성공으로 지속적인 기대감을 심어주는 것이 훨씬 더 바람직한 방향이다.

더도 말고 이 정도의 마인드만 갖춘다면, 최소한 부적응자로 낙인이 되어 경력직으로서의 역량 발휘에 걸림돌이 생기지 않을 테니 꼭 기억해 두도록 하자.

3

출근 후 가장 먼저 챙겨야 할 2가지

출근 전 마음가짐을 다잡았다면, 이제 첫 출근해서 무엇부터 해야 하는지 알아보자. 낯선 환경이라는 이유로 멍하니 시간을 보냈다가는 첫인상에서부터 안 좋은 점수를 받게 될 것이다. 이번 주제에서는 출근 후 일주일 내에 가장 먼저 챙겨야 할 두 가지에 대해서 이야기해 보고자 한다.

지난 업무 히스토리 파악하기

가장 먼저 지난 업무의 히스토리를 파악해야 한다. 지금 해야 할 업무 히스토리가 아닌 이 부서에서 최근 2~3년간 어떠한 업무들이 있었느지, 그 업무들의 기획안은 어땠는지, 실제 진행은 어떻게 되었는지, 업무 결과나 성과는 어떠했는지 꼼꼼히 들여다보자.

1차적으로 먼저 업무용 공용 폴더 또는 공용 클라우드가 있는지 확인하여 그 폴더 속 내용을 보고 하나씩 확인해 보자. 누군가 먼저 알려주기를 마냥 기다리는 것보다는 내가 먼저 대략적으로 머릿속에 정리한 다음 설명을 들으면 이해가 훨씬 빠른 것은 물론이며, 궁금한 것이 생겨도 정확하게 질문을 던질 수 있다.

만약 업무용 공용 폴더가 없다면 전임자가 따로 갖고 있는 최근 2~3년 치의 데이터를 공유해 줄 수 없는지 요청해 보자. 나도 이런 케이스였는데 전임자에게 "제가 먼저 자료를 보면서 대략적인 히스토리를 파악해 보려고 한다"라고 하니 선뜻 자료를 전달받을 수 있었다. 엄청난 양의 자료였지만, 차근차근 하나씩 머릿속에 정리해 두었다. 그런 다음 정식으로 인수인계를 받고 나니 확실히 이해도 빠르고 수월했다. 양이 많기 때문에 하루 만에는 절대 안 되고, 일주일 정도 시간을 들이면 딱 적당하다고 생각한다. 그렇게 내용을 보다 보면 그동안 진행했던 프로젝트는 무엇이 있었는지 사례 분석도 되고, 또 전 회사에서 했던 업무와 비슷한 것이 있다면 무엇이 더 잘 되었고 덜 되었는지 비교하며 향후 업무를 해 나갈 때 방향성을 잡아볼 수도 있다.

낯선 용어 숙지하기

그다음으로는 업무에 자주 사용하는 낯선 용어나 약어를 숙지하는 것이다. 마치 외국으로 유학을 갔는데 그 나라 언어를 모르면 아무리 좋은 내용도 흡수할 수 없음과 똑같은 이치다. 동종업계로 이직했다면 그나마 사정이 좀 낫다. 하지만 그 회사에서만 특별히 쓰는 표현, 혹은 그 회사에서 임의로 부르는 표현은 있기 마련이다. 이때는 바로바로 물어봐서 메모를 해 두고 업무 용어조차 몰라서 소통이 안 되는 상황이 발생하지 않도록 틈틈이 보면서 암기해 두자.

이종업계로 이직했다면 남들보다 2배 3배 더 노력해야 한다. 나도 생전 처음 겪어 보는 서비스 업종으로 이직한 적이 있었는데, 처음 듣는 업계 용어가 너무 많아서 같이 일하는 동료에게 용어 모음집 같은 것이 따로 있는지 물어 밑줄을 쳐가면서 암기했던 적도 있었고, 그걸로도 부족해서 관련된 대학 전공 서적을 한 권 구매해서 정독한 적도 있었다. 또 그때그때 모르는 것을 체크해 까먹지 않게 수첩에 기록해서 시간이 날 때마다 읽었는데 효과가 좋았다.

입사 후 첫 일주일은 이 두 가지에만 집중해도 많은 에너지를 쓴 것이다. 그 뒤에 슬슬 업무를 추진하면서 시동을 걸어 나가면 되니 너무 조급해하지 말고 기본부터 쌓아 간다는 생각으로 새로운 회사 생활에 적응해 보자.

4

회사의 방식에 나를 맞춰라

첫 일주일 동안 업무 히스토리 파악, 낯선 용어 숙지를 했다면 다음으로는 회사에 내가 녹아들기 위해서 노력해야 한다. 로마에 오면 로마의 법을 따르라고 했다. 경력직은 전 회사에서 일하던 업무 방식이 습관적으로 몸에 붙어 있는데 이 습관들을 이직한 회사 방식으로 맞춰야한다. 그렇지 않으면 경력직이라서 튄다, 조직 문화에 맞지 않아 보인다, 고집이 세다, 우리 회사 방식을 무시한다 등의 각종 오해를 받을 수있기 때문이다.

업무 보고를 맞춰라

회사마다 업무 보고와 관련된 절차나 방식들이 조금씩 다르다. 업무 보고는 내 일을 상사에게 검토받으면서 완성도를 높여감과 동시에 나의 업무 성과를 보여줄 기회이기도 하다. 생각보다 중요한 과정이다. 업무 보고를 하기 전에 먼저 업무 보고 '문서'에 대해 파악해야 한다. 회사마다 보고 문서에 대한 규격, 규정들이 있다. 어떤 회사는 바탕체에 13포인트를 사용해야 하고, 어떤 회사는 그 회사만의 고유 폰트를 사용해야 하고, 또 어떤 회사는 워드 파일로 한 페이지에 모든 것을 작성해야 하는 등 보고 문서를 작성하는 데 여러 방식이 있다. 따라서 내가 이직한 회사에서는 어떤 보고 문서를 사용하고 어떤 규정이 있는지 파악해서 사소한 것으로 지적받는 일이 없도록 주의하자.

업무 속도를 맞춰라

정확히 말하자면 나의 업무 속도가 아닌 팀원 혹은 상사의 업무 속도에 맞추는 것이다. 만약 나는 업무를 빠르게 마무리 짓는 스타일인데 이곳은 그렇지 않다거나, 반대로 나는 시간이 조금 걸리더라도 한 번에 완성도 있는 기획안을 만들어 내는 스타일인데 이곳은 일단 보고부터 하고 중간보고와 피드백을 통해 업무를 진행할 수도 있으니 이를 파악하고 그들의 업무 속도에 내가 맞춰야 한다. 어떤 업무 속도가 정답이라고 하기보다는 그 회사 사람들만의 업무 속도를 따라 잘 조절하여 맞춰 가면 되겠다.

퇴근 분위기를 맞춰라

우리나라 회사원들은 출근 시간보다 퇴근 시간에 더 예민한 편이다. 출근이야 통상 정해져 있는 출근 시간에 10분 정도 미리 도착하면 무난하지만 퇴근 시간은 그렇지 않다. 야근하는 사람들 속에서 혼자만 칼퇴를 고수한다면 괜한 오해나 시기를 받기 딱 좋다. 물론 그 사람이 업무를 빠르게 하는 스타일이라 제시간에 퇴근하는 것일지도 모르지만, 그런 속사정은 대개 잘 판단하지 않는다. 반대로 다들 칼퇴하는 분위기인데 나 혼자만 야근하는 것도 자칫 일을 못해서 야근하는 무능한 사람으로 보일 수도 있고, 혼자만 일하는 티를 내는 거냐는 비아냥을 받을 수도 있기 때문에 유의해야 한다.

또, 칼퇴가 잘 정착되어 있는 회사는 그렇게 만들기까지 기존 직원들의 노력과 투쟁으로 어렵게 만들어 낸 조직 문화일 수 있는데 그 문화를 깨 버리려는 시도로 비칠 수도 있어 조심해야 한다. 따라서 퇴근 시간에 주변을 둘러보고 적당한 퇴근 시간을 파악해 보자. 퇴근 시간 이후 20~30분 정도는 남아서 마무리를 하고 퇴근하는 분위기인지, 아니면 정시에 퇴근하는 분위기인지 보고 잘 맞춰 가면 되겠다.

내가 새로운 회사에 적응해 나가기 위해서 그 회사에 방식에 맞추어야 할 요소 몇 가지를 살펴보았다. 이 외에도 입사 후 초기에는 나의 주관적인 방식보다는 기존에 조직 구성원들이 해 왔던 방식을 따라가고 맞춰가는 모습을 보여 주는 것이 좋다. 그럼 나도 빠르게 조직 문화에 녹아들 수 있고, 동료들과도 업무하는 데 합을 맞추기가 편해질 것이다.

5

경력직이니 모든 것을 다 바꿔 볼까

경력직으로 회사에 입사하고, 얼추 적응 기간이 지날 즈음이면 이제 슬슬 성과를 조금씩 보여줘야 할 때가 온다. 이럴 때 은근히 고민되는 것이 하나 있다. 경력직이니까 새로운 것을 보여 주기 위해서 기존의 것을 모두 바꾸고 '새로운 성과'를 보여 줄 것인가 아니면 그 회사가 해 오던 것을 고수하면서 방향성만 맞게 '소극적인 성과'를 보여 줄 것인가 두 가지의 갈림길에서 고민이 될 것이다. 경력직이라면 새로운 시도를 통해서 신선한 바람을 일으키는 것이 맞겠지만 현실적으로 쉽지 않다. 바꾼다는 것이 긍정적으로 바뀌어야 선한 영향력을 행사하는 것인데 긍정적인 결과로 이어질지에 대한 확신이 안 설 수도 있기 때문이다.

새로운 것을 바라는 상사와 회사 방식을 고수하는 실무자

새로운 것을 바라는 건 상사, 즉 팀장이나 부서장인 경우가 많다. 우리 조직에 새로운 활기를 불러일으키고 기존과 다른 획기적인 변화를 통해 성과를 내고 싶어 한다. 아무래도 그들은 보다 성과 지향적인 관리자의 위치기 때문에 그런 경향이 있다. 하지만 실무자들은 다르다. 실무자들도 물론 새로운 시각, 변화를 추구해야 한다는 것은 알지만 회사의 현실과 한계, 제한적인 상황이나 인프라에 실제로 부딪혀 본 사람들이기 때문에 급진적인 변화는 부담으로 다가오고 버거움으로 받아들이는 경우가 많다. 따라서 적절한 중간 타협점을 찾는 것이 중요하다. 너무 급진적인 모습을 보여서도, 너무 소극적인 모습을 보여서도 안 되는 것이 경력직의 자세다. 그래서 참 어렵다. 이럴 때는 팀장, 부서원들과 소통을 하면서 그들이 원하는 업무 방향성을 잘 파악해 보는 것에서부터 출발해 보면 좋다.

변화는 하나씩 차근차근

앞서 설명했듯이 새로운 것을 원하는 상사에게 보고할 때는 내가 이러한 아이디어가 있다는 것을 장기 과제로 하나씩 꺼내서 제시해 보기를 바란다. 당장 모두 바꾸자는 것보다는 장기적으로 하나씩 변화의 바람을 주면서 부서원들과의 공감대를 형성한 것들 위주로 업무를 진행하자. 이렇게 하나씩 변화를 시도하면 새로운 것을 원하는 상사도 만족하고, 무작정 밀어붙이지 않아 부서원들도 거부감 없이 받아들일 수 있을 것이다.

우선 부서원들에게 평소 시도해 보려고 했는데 하지 못했던 것들이 무엇이 있었는지 질문을 던져 보면서 시작을 해 보면 좋겠다. 그들도 타성에 젖어서 업무를 하는 것이 아니었다는 것을 직접 들음으로써 불필요한 오해를 없애줄 수도 있고, 그때의 의지를 다시 깨어나게 할 수 있는 부수적인 효과도 있다. 또, 그때 실패한 원인에 공감하고 귀를 기울이면서 그 한계점(예산 부족, 상사 의사 결정, 인프라 부족 등)이 무엇이었는지 꼼꼼하게 파악해 두자.

그리고 실패 원인을 분석해서 당장 해결 가능한 것부터 시작해 보자. 특히 새롭게 들어온 경력직이라는 타이틀로 다시 상부에 힘을 실어서 재보고할 기회가 없을지 살펴보자. 실제로 같은 의견이더라도 외부에서 온 다른 사람이 그렇다고 하면 더 객관적이고 설득력 있어 보이는 효과를 얻을 수 있다. 그동안 말하지 못했던 것들이나 유야무야되었던 것들 중에서 내가 나서서 다시 개진해 볼 것이 없는지 부서원들에게 물어보자. 그런 다음 그 업무를 중심으로 소통한다면 '경력직이니까 무조건 앞뒤 안 보고 다 바꾸려고 하는구나' 하는 미움도 덜 사면서 적절한 변화를 위해서 도움을 주려고 한다는 진심을 받아들일 수 있을 것이다.

6

정치 지형도를 파악하는 것도 필요하다

새로운 회사에 들어가게 되면 누가 누구랑 친한지, 누가 누구랑 사이가 껄끄러운지, 팀장과 친한 사람은 누구인지, 팀장이 신뢰하는 팀원은 누구인지 등을 파악하는 것도 필요하다. 처음이라 모른다고, 그런 건 관심 없다고 가만히 있기보다는 회사 내에 정치 지형도를 잘 파악해 놓는 것도 회사에 빠르게 적응할 수 있는 방법 중 하나다.

때로는 그런 정치에는 관심 없고, 나만 잘하면 된다고 생각하는 경우가 많은데, 한 회사에 오랫동안 쭉 다니던 입장이라면 모를까 새로운 곳으로 입사한 상황에서는 이를 모르고 일을 하다가는 나만 잘하는 상황을 만들기가 역설적으로 어려워질 수도 있다. 누가 내 의견에 동조해 줄지, 팀장의 협조를 얻어 내기 위해서 누구에게 협업을 요청할지 등을 따져 봄으로써 성과를 더 잘 내느냐 아니면 나 혼자만의 생각에서 그치고 마느냐가 좌우되기도 하는 것이 현실이다. 정치를 잘하는 것이 꼭 나쁜 것만은 아니다. 이랬다가 저랬다가 하는 상황만 만들지 않는다면야 적당히 회사 내의 정치 지형도를 이용하면서 성과를 만들어 내는 데 긍정적으로 활용한다면 일정 부분 필요한 영역이기도 하다.

정치 지형도를 파악하기 위해서는 여러 가지 방법이 있는데, 우선 팀원들에게 슬쩍 물어보는 게 가장 빠르고 확실하다. 하지만 입사한 지 얼마 되지 않은 상태에서 이런 것을 묻는다면 자칫 '빅마우스'(여기저기 남 얘기를 퍼뜨리고 험담을 늘어놓는 사람)라고 소문이 나서 이미지가 안 좋아질 수 있다. 결국, 내가 촉각을 곤두세우고 회사 사람들에게 깊은 관심을 갖는 수밖에 없다.

첫째, 점심 멤버를 유심히 관찰하자. 회사 내에서 친소관계는 대개 점심을 같이 먹는 소모임에서 갈리게 되는 경우가 많다. 둘째, 팀장과 대화 양이 많은 사람을 선별해 내자. 다시 말하지만, 그것이 나쁜 의미를 내포하는 것은 아니다. 팀장과 협조적인 관계에 있는 직원과 좋은 관계를 만들어 둔다면 협력을 요청하고 의견 개진하기에 좋은 면도 많다. 기본적으로 대화를 자주 하는 사람이 팀장과 친소관계가 높다. 셋째, 역으로 팀장이 자주 찾는 사람을 체크해 보면 좋다. 직급을 막론하고 유독 자주 호출하는 직원이 있기 마련이다. 그만큼 그 사람을 신뢰

한다는 뜻이다. 단순히 업무가 많아서일 수도 있겠지만, 그 사람이 신뢰가 가기 때문에 팀장이 자주 찾는 것이고 주요 업무를 많이 맡고 있다는 방증이기도 하다. 마지막으로 팀원들의 취미를 파악해 보자. 축구를 좋아한다거나, 등산을 좋아한다거나 취미가 비슷한 사람들끼리는 더 친할 가능성이 높다. 사람들에게 취미가 무엇인지 물어보면서 어떤 사람들이 공통적인 취미를 가졌는지 알아보자. 이 외에도 많은 방법이 있겠지만 평소에 이 정도만 의식적으로 관심을 가지고 관찰한다면 친소관계가, 정치 지형도가 눈에 보일 것이다.

단, 뒷담화는 절대 금물이다. 초반에 사람들과 친해지려고 대화를 하다 보면 직장인들이 으레 하는 뒷담화에 같이 휩쓸릴 수가 있다. 상대방이 말하는 것을 내가 막을 수는 없겠지만, 그 대화에 수긍한다거나 동조해선 안 된다. 특히 입사 초기부터 이런 뒷담화에 휩쓸리면 '저 사람은 뒤에서 다른 사람 말을 잘하고 다니더라' 하면서 소문이 돌게 된다. 소문이라는 것이 그렇듯 한번 퍼지면 걷잡을 수 없다. 그러니 정치 지형도를 파악한답시고 여기저기 뒷담화 자리에 끼는 상황은 반드시 지양해야 한다.

이런 사항들을 명심해서 회사 내 사람들의 정치 지형도를 잘 파악해서 나에게 유리하게 활용하는 센스를 발휘해 보자.

7

전 회사의 지속적인 연락

"그때, 그 업무 말인데…."

나는 분명 퇴사를 하고 그 회사를 떠나 새로운 회사에 입사했는데, 지속적으로 전 회사에서 연락이 오는 경우가 있다. 내가 일을 잘 마무리하고 인수인계를 제대로 하고 떠났으면 그 빈도가 적긴 하겠지만, 그렇지 않았거나 혹은 내 자리가 공석인 상태로 남아 있다면 연락이 올 때도 있다. 이럴 때 참 난감할 것이다.

일단, 내가 인수인계를 잘하고 왔다면 그 연락에 응하지 않아도 크게 문제가 되지는 않는다. 하지만 가급적이면 일단 연락을 받는 것이 좋다. 연락을 군이 피할 이유도 없고, 얼마나 급하면 퇴사자에게 연락할까 하는 마음으로 받으면 스트레스를 덜 받을 수 있다. 그리고 아주 드물게는 내가 연락을 받지 않아 금전적으로 손해를 보게 되면 손해배상을 청구할 수도 있기 때문에 그 사안을 가늠해 보기 위해서라도 우선 연락을 받아 도움을 주는 것이 좋다.

그동안의 이직 경험으로 보았을 땐, 사안의 크기가 크지 않더라도 일단 연락을 받는 편이 좋다고 생각한다. 우리가 물건을 하나 사더라도 무상 A/S 보증 기간이 있듯이 내가 회사에 퇴사 통보를 나왔더라도 칼로 무 베듯 딱 자르고 나올 수 없다. 그리고 사람 관계가 언제 어디서 다시 만날지 모르기 때문에 군이 냉철하게 끊어낼 필요는 없다.

연락의 방법과 기간 정하기

그렇다면 전 회사의 연락을 어떻게 얼마나 받아 주면 될까? 전화보다는 이메일을 통해서 연락을 주고받는 것을 추천한다. 이메일은 기록이 남는다. 그래서 한 번에 이해하지 못했거나 같은 내용의 연락을 계속한다면 'O월 O일 메일을 참고해 보시라'고 하면서 다시 찾아보게끔 할 수 있기 때문에 편할 것이다. 다음으로는 기간이다. 내가 언제까지 연락을 받아줄 것인지 정해진 정답은 없다. 군이 시기를 정하자면 퇴사 후 한 달 정도면 적당하다고 생각한다. 나만의 기간을 정해 두는 게 중요하다. 나는 현재 새롭게 입사한 회사에서 일하는 사람이고, 새로운 곳에 적응하고 업무에 몰입하는 데 신경을 더 쓰는 것이 당연히 맞다. 전 회사의 연락을 끊어 내지 못하고 계속해서 에너지를 소모한다면 나에게 악영향을 미칠 수 있기 때문에 내가 연락을 받을 기간을 정해 놓고, 이를 상대에게도 명확히 알리면 깔끔하다.

다시 우리 회사에 와 줄 수는 없나

업무적인 궁금증 말고도, 재입사하면 안 되겠냐는 연락을 받게 될 경우도 있다. 가급적이면 이런 제안은 거절하는 것이 맞다. 연애와 비슷하다. 쿨하게 헤어졌다가 이따금씩 다시 생각나기도 하고, 또 시간이 지나면서 기억이 미화되어 재결합의 유혹을 받기도 한다. 하지만 그렇게 재결합한 커플은 같은 이유로 또다시 이별을 맞이하는 경우가 많다. 회사도 비슷하다. 내가 퇴사했던 그 이유를 명확하게 떠올리면서 이성을 되찾아보기 바란다. 지금 새롭게 입사한 회사가 알고 보니 실상과 너무 달라 탈출구가 필요했는데 마침 전 회사에서 연락이 와서 흔들리는 특수한 경우가 아니면 모를까 가급적이면 돌아와 달라는 연락에는 정중히 거절하는 것이 더 이득이 아닐까 생각한다.

8

여기도 아닌 것 같아,
또 퇴사할까

위 항목은 경력직이 새로운 회사에 적응해 나가기 위해 얼마나 능동적으로 노력했는지 알 수 있는 지표다. 다음 7개 문항 중 4개 이상 체크한 사람이라면, 새로운 회사에 적응하려고 노력한, 노력하고 있는 사람이다. 반대로 4개 이하로 체크한 사람이라면, 퇴사 유혹이 들더라도 여기에 있는 사항을 우선 실천해 보길 바란다.

어렵게 이직에 성공하고, 부푼 기대를 앉고 막상 다녀 보니 너무 힘들고 안 맞아서 다시 퇴사를 해야 되는 것일까 고민하는 사람들도 많다. 회사를 직접 다녀 보지 않고서는 아무리 사전에 정보를 많이 찾아보더라도 새롭게 알게 되는 면이 많기 때문에 혼란도 느끼고 어려움도 느끼는 것이 당연하다. 하지만 무턱대고 퇴사를 생각하기보다는 일단은 최대한 적응해 보려는 노력을 해 보자.

단기간의 잦은 이직은 피하자

'파랑새 증후군'이라는 말이 있다. 쉽게 말하면 '막연히 더 좋은 곳이 있겠지'라는 환상에 사로잡혀 어떠한 목표나 문제 해결을 위한 의지 없이 미래의 행복만을 꿈꾸면서 새로운 곳을 찾아 떠나는 것을 뜻한다. 이직할 때 반드시 경계해야 할 점이다. 나의 커리어에 있어서 더 배울 것이 있는지, 나의 성장을 위해 도움이 되는지 등에 대한 깊은 고민을 통해 나온 결론이 아닌 즉흥적인 이직은 어디 한곳에 정착하지 못하고 여기저기를 떠도는 이직으로 이어질 수도 있어 조심해야 한다.

입사하자마자 다시 퇴사 충동을 느꼈다면 이럴 가능성이 높다. 어차피 세상에 완벽한 회사는 없다. 지금 당장 퇴사 충동을 느낀 그 원인이 무엇인지 살피고, 시간을 두고 좀 더 다녀 보면서 해결 가능한 것은 아닌지 좀 더 인내심을 가져 보자. 잦은 이직은 커리어에 좋지 않다. 특히나 짧은 기간의 이직은 더 그렇다. 아무리 이직이 흠이 아닌 시대라도 잦은 이직을 좋게 보는 회사는 없고, 내 업무 성과를 증명하기에도 단기간의 성과는 근거가 부족하기 때문에 바람직하지 않다.

또, 단기간의 이직은 연봉 협상에도 불리하다. 연봉, 말 그대로 '연간 받는 금액'을 책정하여 월급을 주는 개념인데, 내가 1년도 채 되지 않아서 퇴사한 회사와 계약한 그 연봉을 다음 회사에서 그대로 맞춰 주거나 혹은 더 높여주는 경우는 거의 없다. 결국 힘들게 경력을 쌓고 연봉을 올려 이직을 했지만, 인정해 주지 않아 다시 그전 연봉으로 되돌아갈 수 있다는 뜻이다. 그래서 단기간의 이직은 더더욱 신중해야 한다.

헤드헌터를 통해 입사한 경우라면 더더욱 인내하라

헤드헌터를 통해서 입사했을 때는 헤드헌터가 나를 채용한 회사와 3개월 내 퇴사 시 수수료 반환 이라는 특약을 계약서 조항에 넣었을 가능성이 높다. 그래서 내가 단기간에 퇴사해 버리면 나를 도와준 헤드헌터에게도 악영향을 미치게 된다. 그리고 이후에 다시 이직하기 위해 헤드헌터 도움을 받을 때, 당연히 나에 대해 우호적으로 바라보지 않고 이전만큼 적극적인 도움을 주지 않을 수도 있다. 특히 헤드헌터끼리는 네트워크가 워낙 잘되어 있어 그 헤드헌터 말고도 다른 헤드헌터, 다른 서치펌에도 나의 평판이 충분히 퍼질 수 있기에 유의해야 한다.

그래도 이직을 해야겠다면

그럼에도 이직을 할 수밖에 없는 상황이 있을 수 있다. 직장 내 괴롭힘이 있다거나, 근로기준법을 준수하지 않는 회사라거나, 부도덕한 일을 강요하는 등의 이직을 피할 수 없는 상황에 놓여 있다면 바로 나오는 것이 낫다. 이런 심각한 상황이 아니라면 이직 전 아래의 사항을 고려해 보자.

첫째, 최소 1년은 있어 보자. 최소 1년은 있어야 다른 회사에 지원하더라도 지금 회사에서 고생한 경력을 인정받을 확률이 높다. 1년 이하의 경력은 잘 인정해 주지 않는 경우도 많기 때문이다.

둘째, 단기 성과에 주목하자. 1년까지 버틸 자신이 없다면 있는 동안 정신을 바짝 차리고 작은 성과 하나 정도는 손에 쥐고 나가자. 단기간의 경력이라도 내가 성과를 냈다는 것을 증명할 수 있다면 짧은 기간 이직이라는 마이너스 요소를 상쇄할 수 있다.

셋째, 범용적인 프로젝트에 참여하자. 짧은 기간이지만 참여할 수 있는 프로젝트가 있다면 어디든 참여해 보면 좋다. 그리고 그것이 범용적인 프로젝트라면 더더욱 참여해 보기 바란다. 너무 특정 업계로 국한될 수 있는 프로젝트가 아니라 어느 업계에서도 활용될 수 있는 주제의 프로젝트에 참여하면 이직할 때 좋은 사례로 써 먹을 수 있다.

넷째, 동종업계부터 노리자. 빨리 퇴사하고 다시 이직해야 하는 상황이라면 동종업계부터 두드려보는 게 좋다. 아무래도 이종업계에서는 잦은 이직과 짧은 경력을 잘 인정해 주지 않지만, 동종업계라면 그래도 지금까지 했던 경력이 있으니 조금 더 수월할 것이다. 그래서 빠르게 다시 다른 회사를 알아보고 퇴사를 감행해야 하는 상황이라면 내가 몸담았던 그 산업군, 최소한 유사 산업군의 채용 공고를 찾아보고, 관련 업종의 헤드헌터 도움을 받는 것이 좋겠다.

정리하면 가급적이면 단기간에 다시 퇴사를 감행하는 것은 지양하라는 말을 해 주고 싶고, 급하게 다시 이직해야 할 상황이 생긴다면 좀 더 전략적으로 접근해서 더 나은 곳으로 이동할 수 있도록 체계적인 준비를 하기 바란다.

이직을 고민하는 단계에서부터 이직 서류를 작성하고, 면접을 거치고, 협상을 거쳐 입사하고, 입사 후 생활까지를 스포츠 경기의 경기전-전반전-후반전-연장전-경기 후로 비유하여 단계적으로 내용을 살펴보았다.

이직이 항상 정답은 아니다. 이직을 못 한다고 해서 내가 무능한 것도 아니다. 내가 현재 몸담고 있는 직무 자체가 희소한 탓이 있을 수도 있고, 굳이 이직해야 할 이유가 없어서일 수도 있다. 실제로 이직하지 않고 한 회사에서 쭉 수직 성장을 하는 훌륭한 사람들도 많다. 하지만 과거처럼 이직 자체가 흠이 되는 시절은 지났고, 이직하는 사람들이 나날이 늘어나고 있는 것은 사실이다.

이직을 해야겠다면, 어설프게 준비할 것이 아니라 철저한 준비와 계획을 세우고, 충분한 고민을 한 후 전략적으로 이루어져야 한다는 점을 강조하고 싶다. 내가 가만히 있어도 스카우트 제의가 여기저기서 오는 업계 상위 0.1%의 사람들이 아니라면 이직 절대 만만하지 않다. 신입 사원 때 취업에 성공해 봤기 때문에 더더욱 쉽게 보고 덤비는 경우가 있는데, 내로라하는 고스펙자들조차도 이직에 실패하기도 한다. 이게 바로 이직 시장의 현실이다.

이직을 현재 직장을 단순히 탈출하기 위한 수단이 아니라 나의 성장과 더 나은 발전을 위한 기회로써 여길 수 있는 사람들이 더 많아지기를 진심으로 기원한다. 그리고 그런 건강한 이직에 성공한 뒤에 경력직으로서 회사 생활을 할 때 프로다운 모습을 보이면서 나를 뽑아준 회사의 기대에 부응하기를 응원한다.

실제 경험을 기반으로 작성해 본 나의 이직 팁들이 부디 조금이나마 이직 준비생들에게 가이드가 되고, 지침이 되고, 참고서가 되었기를 바란다. 끝까지 읽어 주셔서 진심으로 감사하다는 말씀을 드리며 글을 마친다.

베이직 이직

초판인쇄 2022년 02월 04일
초판발행 2022년 02월 04일

지은이 Minuk
펴낸이 채종준
펴낸곳 한국학술정보(주)
주 소 경기도 파주시 회동길 230(문발동)
전 화 031-908-3181(대표)
팩 스 031-908-3189
홈페이지 http://ebook.kstudy.com
E-mail 출판사업부 publish@kstudy.com
출판신고 2003년 9월 25일 제406-2003-000012호

ISBN   979-11-6801-307-0 13320